Oliver Schott:
Neekskluzivaj rilatoj ja indas
Pri amo, amoro, racio kaj feliĉo

Pri la aŭtoro

Oliver Schott studis filozofion, kultursciencon kaj politologion ĉe Humboldt-Universitato en Berlino. Li laboras kiel korektisto kaj aŭtoro por la semajna gazeto germana *Jungle World*. Tutviva praktiko de neekskluziveco certigis lin, kiu estis dekomence nekonvinkita pri monogamio, pri liaj ideoj pri etika rilatanarkio.

Oliver Schott

Neekskluzivaj rilatoj ja indas

Pri amo, amoro, racio kaj feliĉo

Esperantigis Kirilo Brosch

Mondial
Novjorko

Mondial
Novjorko

Oliver Schott:
Neekskluzivaj rilatoj ja indas
Pri amo, amoro, racio kaj feliĉo

Tradukis el la germana:
Kirilo Brosch (Cyril Robert Brosch)

Titolo de la originalo:

Lob der offenen Beziehung
Über Liebe, Sex, Vernunft und Glück

aperinta unue en 2010 ĉe Bertz + Fischer Verlag
www.bertz-fischer.de

Kovrilo: Mondial

ISBN 9781595695130
www.esperantoliteraturo.com

Enhavo

Neekskluzivaj rilatoj ja indas

Enkonduko de la tradukinto

Tiu ĉi libreto aperis unue en 2010 en la germana (kun 7 pliaj eldonoj ĝis 2015), en 2014 sekvis angla traduko. Ĉu entute ankoraŭ indas post 10–15 jaroj traduki konsilan libron? Plenkore mi povas diri, ke jes, ĉar la libro apartenas al tiu speco, kiu neniam vere eksmodiĝas. La aŭtoro sukcesas trakti la temon de neekskluzivaj (malfermitaj, pluramemaj – vi vidos poste) interhomaj rilatoj laŭ maniero, kiu eĉ ne povas facile eksmodiĝi, ĉar ĝi ne argumentas per efemeraĵoj kiel modoj, sentoj aŭ sciencaj spekulativaĵoj pri la vivo de la prahomoj, sed strikte logike, prenante ĝeneralajn (aŭ almenaŭ tutmonde vaste konatajn) kulturajn valorojn kaj montrante, kiel ili estas memkontraŭdiraj kaj kiom da konvencio troviĝas en ŝajnaj memkompreneblaĵoj. Ĝuste tial mi «ekamis» ĉi tiun libreton ĉe la unua lego en 2017 (plurfoje relegonte ĝin) kaj de tiam rekomendadas ĝin. Kaj ĝuste tial, ĉar ĝi ne celas unu specifan landon, la libro taŭgas precipe por la internacia publiko. Tial por mi estas speciala ĝojo, ke nun povas aperi Esperanta versio portonta la akrevidajn observojn kaj pens-instigajn argumentojn de la aŭtoro al la tuta mondo.

Ĉi tiu Esperantlingva eldono konsistas el la libro «Lob der offenen Beziehung» [Laŭdo de la malfermita rilato] kaj el longa apendico. Ĉi-lasta teksto aperis kiel artikolo en 2021 sub la titolo «12 Jahre danach: Lob der offenen Beziehung» [12 jarojn poste: Laŭdo de la malfermita rilato] en la Interreta revuo «SexPol Reloaded».[1] La traduko aliflanke ne enhavas la apendicon de la oka germana eldono (p. 108–114 tie),

---

1 https://sexualityandpolitics.com/12-jahre-danach-lob-der-offenen-beziehung.

kiu origine estis resuma artikolo en politike maldekstra gazeto.

El la vidpunkto de la tekstaranĝo, frazdivido k.s. mi tamen ĝenerale orientiĝis je la anglalingva traduko de la libro[2], unue ĉar ĝi estas pli nova ol la germana originalo kaj tial enhavas plurloke aldonojn, due ĉar ĝi estis jam «internaciigita» en detaloj negravaj ekster Germanujo, kaj trie ĉar ĝi jam prezentas dividon de informoj laŭ internacie pli digestebla formo (germanaj aŭtoroj estas konataj por siaj longaj, kompleksaj frazoj). Tamen, en pluraj lokoj, kie la germana originalo ial estas pli detala (aŭ por mi pli klara) aŭ ĝenerale havas alian emfazon, mi kompreneble sekvis la germanan tekston. La alineo en ĉapitro 7, kiu sekvas la liston de konsilaj libroj, mankas en la angla eldono, kiu anstataŭe havas tiun, kiu ĉi tie sekvas tuj poste. Ĉi tiu Esperanta traduko estas do la plej ampleksa versio de la teksto, kunigante la enhavon de ambaŭ libroj. La aldonitan retrospektivan artikolon mi tradukis nur el la germana. Fininte ĉion mi tralaboris ambaŭ partojn por igi la tekston pli flue kaj unuece legebla, pro kio en pluraj lokoj povas aperi detalaj subdividoj, kiuj ne troviĝas en la germana aŭ angla.

En la teksto mi devis devii per malmultaj vortoj de la tradicia Esperanto, kaj mi kredas, ke tiuj netradiciaĵoj estas bone pravigeblaj. La libro havas, kiel mi diris, logikan-filozofian karakteron. En ĝi ne rolas iuj konkretaj personoj, sed homoj, kiuj estas sufiĉe aĝaj por konscie kaj konsente eniri amrilatojn, do plenkreskuloj kaj adoleskantoj. Ĉiuj aliaj ecoj ne gravas por ĉi tiu libro, precipe ne la sekso – la konstatoj validas (aŭ validu) por ĉiuj. Tial estus ege neoportune paroli

---

2 Farita de P. Nobbe kun la asisto de G. Smith, eldonita en 2014 ĉe la sama eldonejo kiel la originalo.

laŭtradicie pri *viroj* kaj *virinoj*, pro kio mi aŭ uzas simple *homo* aŭ *persono*[3] aŭ, kie necesas distingi la seksojn, *ulino* kaj * uliĉo* (kun la ankoraŭ malofta, sed tute taŭga sufikso -*iĉ* por esprimi masklecon – pli tradicia *virulo* estus miskomprenebla). Alia grava aspekto en multaj lokoj de la teksto estas la laŭleĝa vivkomuneco, kiun oni tradicie nomas *geedzeco*. Tiu vorto ĉi-libre absolute ne taŭgus, ĉar ĝi nepre implicas malsamseksajn partnerojn, dum kaj realvive kaj precipe en la teksto temas ankaŭ pri la sama aranĝo inter samseksemuloj. En 2023 oni demandis al la Akademio de Esperanto, kiun esprimon uzi en tiaj okazoj – ĝi ne sukcesis doni klaran respondon. Mi tial estis tiel libera enkonduki seksneŭtralan radikon, kiu solvas la problemon: *eŝo* (el samsignifa turka *eş*) estas edzo, edzino aŭ neduuma persono tia; la teksto do parolas pri *eŝiĝoj* ktp. sen la neceso kontroli, kiun sekson havas ĉiu partnero. La aŭtoro mem en la germana teksto uzas neoficialan, t.n. «sekse respektan» lingvaĵon (ekzemple «PartnerInnen»), tiel ke mi opinias esti procedinta laŭ lia intenco.

Fine mi volas esprimi mian grandan dankon al la aŭtoro, Oliver Schott, kaj al la eldonejo Bertz+Fischer, kiuj tre favore reagis al mia propono traduki kaj publikigi la tekston, tiel ke ĝi povas aperi sen la pago por la tradukrajto, kiu tiel ofte malhelpas al nia malgranda Esperanta libromerkato. Same mi dankas al Susanne Schade de «SexPol Reloaded» por la tradukrajto de la artikolo en la apendico. Precipe mi dankas al la eldonejo Mondial, kiu tuj pretis aperigi la libron kadre de sia renoma programo. Laste, sed ne balaste, mi dankas al ambaŭ provlegintoj, kiuj ne nur zorge elsarkis erarojn kaj

---

3 Kiel pronomon por persono de nekonata/nedifinita sekso mi uzas laŭ malnova Zamenhofa propono *ĝi*, ne la – jam ne plu tute – tradician *li*.

atentigis pri malklaraĵoj, sed kun kiuj mi ankaŭ trovis bonan Esperantan titolon. Pri ĉiuj restantaj tekstaj eraroj respondecas nur mi.

Berlino, marto 2025   *Kirilo Brosch*

Neekskluzivaj rilatoj ja indas

0. Antaŭparolo

Du homoj renkontiĝas, kaj baldaŭ ili eksentas reciprokan allogon. Je taŭga okazo unu el ili diras al la alia: «Mi deziras establi amoran kaj sentan ekskluzivecon kun vi!»

Kio impresas strange en ĉi tia scenaro? Bone, la elekto de vortoj povus esti pli romantika, sed esence ĝi estas nur alia maniero por diri «Ĉu vi volas esti mia kunulo?», eksplicante, kion tio celas. Sed ĉar estas eldirita laŭte, kio kutime estas nur implicita, la mesaĝo ŝanĝas sian signifon. Ĝi sonas, kvazaŭ la elekto temus ne nur pri tio, ĉu eniri romantikan rilaton aŭ ne, sed ankaŭ, ĉu ĉi tiu rilato devas esti monogamia (unuamema).

Ĉiel ajn, tia propono povus tamen esti sukcesa. Dum estas strange eksplice peti ekskluzivecon, la deziro mem estas tre ordinara kaj kutime estas komprenata kiel esprimo de amo. Sed kio okazas, se nia supozata amanto diras efektive: «Mi ja deziras eniri sindevontigan, prefere longtempan rilaton. Sed mi ne volas malpermesi al vi amori kun aliuloj aŭ ami iun. Kaj mi ne vidas, kial ankaŭ mi mem devus submetiĝi al ajna tia limigo. Finfine devontigi min al vi ja estas io tute alia ol distancigi min de ĉiu alia.» Ĉi tiu persono estus en multe pli malfacila pozicio. Estas verŝajne, ke ĉi tiu propono kondukus la delikatan kaj burĝonantan enamiĝon almenaŭ en seriozan krizon, se ne al fino.

La unua scenaro ilustras, ke monogamio estas perceptata kiel natura kaj ke ĝi estas forta socia establo. Estas malfacile kaj riske devii de ĝi, ĉar ĝi estas tiel firme establita, kiel ilustras la dua scenaro. Kvankam ni vivas (espereble) en libera mondo kaj ni rajtas havi nemonogamiajn rilatojn, monogamio ne estas simple unu alternativo inter aliaj, sed prefere estas prenata kiel speco de natura leĝo socia. Kiam du homoj eniras romantikan rilaton ne dirante fakte ion ajn, oni simple supozas, ke la partneroj rezervos sian amoran kaj sentan intimecon unu por la alia – ke ilia rilato estas monogamia. Tio ĉi tamen kontraŭas nian mempercepton de klera kaj liberala socio, en kiu laŭdire ĉiu ideale devus aranĝi sian privatan vivon laŭ siaj individuaj bezonoj kaj preferoj, anstataŭ aliĝi al iu preta, ŝablona modelo.

Ĉi tiu libreto estas direktita al tiuj, kiuj kundividas la opinion, ke ĉi tio ne estas ideala stato. Kaj eĉ fortaj subtenantoj de monogamio devus konfesi tion. La problemo miaopinie ne estas, ke tiel multe da homoj decidas esti monogamiaj. Kontraŭe, la problemo estas, ke tiel *malmultaj* homoj tion decidas. Simple ne ekzistas kutimo elekti amrilatan modelon. Monogamio anstataŭe estas prenata kiel donitaĵo. Sed kiel ni povas sukcese praktiki amrilatan modelon sen konscio pri tio, kion tiu modelo signifas kaj kial ni devus sekvi ĝin? Efektive, la granda merkato por porparaj konsilolibroj kaj terapioj atestas, ke estas urĝa bezono por plibonigo ĉi-rilate.

Por fari konscian decidon – efektive, eĉ rekoni la fakton devi fari decidon – estas necese kompreni, ke ekzistas alternativoj. Tio ne estas tiel triviala, kiel ĝi eble sonas. La precipa problemo, kiam oni pensas pri amrilataj modeloj, estas la ĉeesto de pluraj nereflektitaj antaŭsupozoj, kiuj malvidebligas eblajn alternativojn kaj tiel ankaŭ la konscion, ke oni entute faras decidon.

La daŭraj malfaciloj konsideri ion alian ol monogamion estas videblaj en la ĝeneralaj antaŭsupozoj pri neekskluzivaj rilatoj: Ili estas asociataj kun manko de sindevontigo, kun senta ambigueco, ŝanceliĝemo kaj malstabileco. La egaligo de longdaŭra, serioza romantika rilato kun monogamio estas tiel profunde enradikiĝinta, ke la termino «serioza rilato» mem konsistigas la oftan antonimon de «malfermita rilato» – kvazaŭ ĉi-lasta elekto estus nur por tiuj, kiuj deziras malpli da sindevontigo kaj proksimeco, sen zorgo pri longtempa perspektivo. Sed se ni komprenas «malfermita» en ĉi tiu kunteksto kiel «neekskluziva» (por inkluzivi, kio estas nun ofte nomata «pluramemo», kaj ankaŭ «rilatanarkion»), tiam vere ekzistas racio supozi, ke tiuj malfermitaj rilatoj estas, ĉu principe, ĉu tendence, malpli fortaj, sindevontigaj, intimaj aŭ konstantaj ol la monogamiaj. Ili ne estas simple oportuna, nedaŭra aranĝo por «monogamiuloj en forpermeso», kiuj ne volas sin devontigi, sed ankaŭ ne deziras esti sen la plezuroj de regula amoro kaj kuneco. Prefere, neekskluzivaj[4] rilatoj prezentas plenvaloran alternativon al monogamio. Ĉu rilato estas neekskluziva aŭ ekskluziva («fermita»), estas unu demando; ĉu ĝi estas konstanta aŭ neserioza, estas tute alia.

Efektive estas sufiĉe da indikoj, ke monogamio, aŭ ĝenerale ekskluzivaj modeloj de rilatoj, ne estas la ideala solvo. Estas, male, bonaj kialoj rilati kun aliaj laŭ pli malfermitaj manieroj – aŭ almenaŭ strebi al tio.

Sed devii de la modelo de monogamia rilato estas ambicia tasko. Neniu estas libera de la normoj kaj antaŭjuĝoj de la kulturo, en kiu ĝi plenkreskis. Ili influas nian pensadon, sed ankaŭ – kaj pli persiste – niajn sentojn. Nia tuta perspektivo al intimaj rilatoj estas sekve profunde formita de monogamio, tiel ke estas malfacile por ni koncepti alternativajn rilatajn modelojn kiel ion alian ol devioj disde monogamio. Multaj problemoj de neekskluzivaj rilatoj tiel estiĝas pro tio, ke ili ne estas *sufiĉe* malfermitaj. Ne sufiĉas krei alternativan

---

4 Ekde nun mi uzos ĉefe ĉi tiun, plej larĝan terminon. [rimarkigo de la tradukinto]

rilatan modelon surbaze de kritiko de (sub)aspektoj de monogamio. Male, la tasko estas malfermi tutan novan perspektivon al la temo.

Estas multaj libroj, kiuj traktas romantikajn rilatojn, ankaŭ rilate la specifajn problemojn de netradiciaj rilataj modeloj kiel pluramemo. Tamen la plejparto de ili sekvas proksime la perspektivojn kaj konceptojn, kiuj venas el la monogamia tradicio, kaj tial ili ne kapablas tute postlasi la paradigmon de ekskluziveco. Mi provos trakti ĉi tiun problemon ne utiligante iun specifan filozofian aŭ kritikan skolon. Mi ankaŭ ne alludos al la multnombraj pensuloj, kiuj kritike analizis monogamion kaj alternativajn modelojn de rilato dum la jarcentoj. Por evoluigi netradician perspektivon al la temo ene de limigita spaco, sed samtempe en kohera kaj alirebla vojo, mi devas limigi min mem al kontrastigo de miaj propraj pozicioj al la ĉeftendencaj opinioj.

Dum mia teksto estos tro praktika por iuj kritikistoj de ideologio, ĝi povus ŝajni nekutime filozofia kaj abstrakta por multaj aliaj homoj. Mia fokuso troviĝas sur la manieroj, laŭ kiu ni pensas pri rilatoj, en kontrasto al traktado de emociaj malfaciloj kaj aliaj praktikaj problemoj.

Estas havebla multe da (parte bonega) literaturo, el la plumo de aŭtoroj, kiuj pli bone ol mi kapablas doni konsilojn, kiel specife trakti emociajn konfliktojn, kiel solvi komunikadajn problemojn kun kunuloj kaj aferojn de simila graveco. Plejparto de tiaj problemoj koncernas monogamiulojn same multe kiel subtenantojn de neekskluzivaj rilatoj, kaj do ankaŭ iliaj solvoj estas ofte la samaj. Ĉi tiuj aferoj, tamen, ne estas centra por mia entrepreno.

Male, mi traktas flankon de la problemo, kiu estas kutime neglektata. Mia temo estas, kiel ni konceptas kaj reflektas niajn rilatojn. Kvankam estas vere, ke emociaj problemoj ne povas esti solvataj sole per pensado, estas ankaŭ vere, ke sen pensado ili ne povas esti solvataj entute. Kontraŭe al komuna kredo, pensado kaj sentado ne estas klare apartaj kaj eĉ malpli troviĝas en ia konflikto. Niaj sentoj estas ĉiam gvidataj de niaj pensoj, opinioj kaj interpretoj, dum nia pensado estas ĉiam movata kaj informata de niaj sentoj. Ni devas pensi por kompreni, en kiu situacio ni estas, kaj ni ankaŭ devas pensi por kompreni niajn sentojn. Ĉi tiu libro temas pri tio, kiel fari tion.

1. Novaj liberoj

Neniam antaŭe en sia historio la homoj ĝuis tiom multe da amora libereco kaj da libereco elekti siajn rilatojn kiel nuntempe en la modernaj, liberalaj socioj.

Niaj liberecoj ja estas ankoraŭ pli limigitaj, ol ni volus pensi, kaj liberaleco estas atingita laŭ malsamaj limoj kaj gradoj. Ekzemple la kamparo estas pli konservativa ol grandaj urbaj centroj, kaj multaj homoj daŭre suferas emocie kaj spirite pro religia edukado. Fakte estas ia ĝenerala regulo por ĉiuj medioj, ke toleremo kaj malfermiteco havas pli striktajn kaj pli rigidajn limojn, ol ni kutime opinias. Tamen ni almenaŭ povas kritiki ĉi tiun staton. La principo, ke ajna publika entrudiĝo en niajn privatajn aferojn bezonas pravigon, estas valorega atingo. Do eĉ se bedaŭrinde estas ankoraŭ iaspeca privilegio, kiam iu estas kapabla vivi sian privatan vivon laŭ siaj deziroj, tiu privilegio estas atingebla por multegaj homoj.

Ĉi tiu libereco havas profundan rilaton kun la heredaĵo de la Klerismo. Estas tre moderna ideo, ke homoj devus havi la liberon aranĝi siajn vivojn laŭ sia bontrovo. Dum miloj da jaroj homoj naskiĝis en tre klare difinitajn sociajn rolojn. La regantaj moroj donis al ĉiu persono kadron, ene de kiu eblis aranĝi siajn privatajn aferojn. La libereco de la individuo koncepti la privatan vivon – kiel ekzemple la libereco elekti sian komercon aŭ karieron – devenas el la moderna ideo de persona aŭtonomio. Niaj nunaj liberecoj kompreneble ne estas bazitaj nur sur tiuj ideoj. Ideo ja povas esti brilega kaj humana, ĝiaj efikeco kaj sociaj sekvoj tamen estas limigitaj de la materiaj kondiĉoj kaj establitaj vivoformoj. La «amora revolucio» ne estus pensebla (laŭvorte!) sen Klerismaj ideoj.

Neekskluzivaj rilatoj ja indas

Sed kio faris ĝin *farebla*, estis longtempaj, sociekonomiaj ŝanĝoj, akompanataj de la evoluigo de fidinda, malaltekosta kaj ĝenerale alirebla rimedaro por kontraŭkoncipiloj kaj ŝirmo kontraŭ amore transdonataj malsanoj.

Antaŭ la amora revolucio venis alia ŝanĝo, ne malpli revolucia – la anstataŭigo de aranĝita eŝiĝo[5] (tiam nur geedziĝo) per ama eŝiĝo. Dum ĉiam ekzistis ankaŭ la ideo, ke eŝeco povus baziĝi sur amo anstataŭ oportuno, tio ĉi ne estis la ĝenerala maniero de parigo. Tipe eŝiĝoj estis aranĝitaj de la respektivaj familioj laŭ ekonomiaj kaj sociaj konsideroj. Pasia inklino estis asociata kun malpli daŭraj kaj devontigaj formoj de rilatoj ekster la eŝeco – formoj, kiuj plej ofte privilegiis uliĉojn super ulinoj. Ĉiuokaze la priparolataj inklinoj malsamis de nia nuna bildo de romantika amo. En patriarkecaj socioj ofte temis pri la inklino de la uliĉo, kiu konkeris, superfortis, aĉetis aŭ rabis la ulinon, de kiu oni simple atendis reciprokadon de tiu sento.

Ĝis la komenco de la burĝa epoko la institucio de eŝeco antaŭ ĉio estis ekonomia aranĝo, kiu havis malmulton komunan kun amo laŭ nia moderna kompreno. Hodiaŭaj konservativaj propagandantoj de monogamio ofte prezentas eŝecon kiel tradician institucion, kiel historie konfirmitan fundamenton de nia socio. Sed ili ne pravas: La tradicia eŝeco estas aranĝita eŝeco. Tial la malapero de la tradicia eŝeco fontas el la alveno de ama eŝeco, kiun oni povas dati en la Okcidento je la 18a jarcento de nia epoko. La amoraj liberecoj de la pasintaj jardekoj kaj la malpliiĝo de monogamio estas simple sekvo de ĉi tio. La koncepto de ama eŝeco jam portas en si la semon de la tuta «malmoraligo» de la lasta-

5 Vidu la Enkondukon por *eŝo* ‹edzo, edzino aŭ neduuma persono tia›. [rimarkigo de la tradukinto]

17

tempa pasinteco. Logike, se eŝecon oni libervole eniras, ankaŭ devas ebli libervole ĝin fini. Eŝeco, kiu estas bazita sur amo, malvalidiĝas sen ĝi. Per la absolutigo de la amo oni faras individuan inklinon la esenco de rilatoj. Sed homaj inklinoj estas ofte senordaj kaj ne nepre aperas kiel la ununura deca, eterna, malsamseksema amo. Do ne estas surprize, ke aliaj formoj de amo kaj, responde, alternativaj formoj de rilatoj estas ĉiam pli akceptataj.

Nuntempe eŝeco fariĝis paradoksa institucio. Ĝi promesas stabilecon, sekurecon kaj kunecon ĝis nia morto. Sed eŝeco povis tion garantii nur tiel longe, kiel ĝia daŭro estis socie trudata. Sed kiam eŝeco estas libervola, ĝi ne povas valori pli ol reciproka deklaro de intencoj kaj ne povas esti pli stabila ol tiuj intencoj de la partoprenantoj. La institucio de eŝeco tiel ne plu povas konsistigi modelon, kiun la paro devas sekvi vole-nevole, sed la partneroj devas aktive formi kaj teni viva sian eŝecon. Tio fakte signifas, ke la esenca diferenco inter eŝeco kaj aliaj formoj de romantikaj rilatoj malaperis. La paradokso de la nuntempa eŝeco estas, ke ĝi, kvankam ĝi estas senigita de sia tradicie truda karaktero, estas plu alstrebata por la stabileco, kiun ĝi povis garantii nur per la trudo.

Pli ĝenerale kaj sendepende de la formala eŝeco oni trovas tiun paradoksan idealon de rilato en la mito de la unu, granda, vera, eterna amo. Sed estas neeble kombini la avantaĝojn de libereco kun la avantaĝoj venantaj de manko de libereco. Neniu deziras reveni al tia stabileco, kiu rezultis de ekstera devigo. Partnereco estu bazita sur la libera volo de la partneroj, aŭ sur la amo esprimata tra tiu volo. Eterna amo estas mito, ne ĉar amo ĉiam aŭ kutime ĉesas, sed ĉar amo estas io, kion amantoj devas krei por si mem, kaj ne iu ekstera forto, kiu daŭrus sendepende de la sentoj kaj volo de la amantoj kaj donus konstantecon al ili.

Sed se amo estas io, kio venas el nia interno, tiam ĉiu devas esplori kaj koncepti amon mem. Ni ne povas fidi establitajn normojn, tradiciojn kaj instituciojn, ĉar ne ili, sed ni produktas niajn sentojn kaj nian volon. Ni ne povas supozi apriore, ke niaj sentoj kaj bezonoj konformas al tradiciaj modeloj. Sed eĉ kiam ili estas tiaj, konceptas niajn rilatojn ni. Nur se ni mem faras tion konscie kaj estas pretaj fari niajn proprajn decidojn, ni povas esperi, ke niaj rilatoj evoluas laŭ niaj bezonoj kaj deziroj. Tial ni ne devus malakcepti la respondecon, kiu venas kun libereco. Sed tiam ni ne plu povas akcepti la tradiciajn modelojn de rilatoj kvazaŭ memevidente. Ni devas ekzameni ilin, antaŭ ol ni povas elekti ilin aŭ ne.

Ni ĝuas liberojn, kiujn neniu generacio antaŭ ni havis, kaj ni havas la ŝancon akiri liberojn kaj por ni mem kaj por venontaj generacioj, kiuj ŝajnas neimageblaj al multaj eĉ hodiaŭ. Sekve ni alfrontas la demandon, ĉu ĉi tiuj liberoj estas dezirindaj aŭ ne; ĉu ili plibonigas aŭ difektas niajn vivojn; ĉu ili subtenas aŭ malhelpas amon kaj aliajn valorojn, kiujn ni alstrebas en niaj rilatoj. Estas neniu surprizo, ke mi senhezite ekstaras sur la flanko de la libereco. Bedaŭrinde rilate amon kaj amoron tio konsistigas malplimultan vidpunkton, opiniatan esti stranga, nepraktika, nerealisma kaj kaŝe malmorala. Ĉi tiu teksto estas dediĉita al la defendo de tiu vidpunkto.

2. Dueca moralo

La malnova, subprema moralo amora nemalfareble eksmodiĝis. Eĉ monogamiuloj ĉesis defendi ĝin. Oni simple ne plu havas argumentojn, kial amorado inter konsentantaj plenkreskuloj devus esti malmorala. Kun la enkonduko de efika ŝirmo kontraŭ nedezirata gravediĝo kaj amore transdonataj malsanoj, fariĝis ĉiam pli malfacile vidi amoron kiel malbonan, koruptantan aŭ alie negativan.

Kio anstataŭos la malnovajn ŝablonojn kaj regulojn? Se sekseco ne estas malbona, evidente ni devus esti toleremaj pri ĝi. Apenaŭ eblas kondamni aŭ malestimi homojn pro ilia sekseco, se ili nur ne malutilas al iu. Profunde enradikiĝintaj antaŭjuĝoj kiel homofobio aŭ ĉiesulinnomado[6] esprimas indignon antaŭ la fono de morala malvirteco. Sed ili ne enhavas ian moralan malvirtecon en si; tial ĉi tiuj antaŭjuĝoj mem estas morale senbazaj kaj devas esti venkataj. Postuli toleremon signifas postuli liberecon. Ni supozu, ke mi povas konduki mian privatan vivon laŭ mia bontrovo. Ni supozu ankaŭ, ke mi ne devas timi malakcepton de mia familio aŭ amikoj aŭ perdon de mia enspezo aŭ de la leĝa prizorgado de miaj infanoj.[7] Tiam alia, pli persona demando estiĝas: Kion mi faru kun ĉi tiu libereco?

---

6 Angle *slutshaming* – mi ne trovis jaman terminon. Temas pri speco de insulto, kiam oni riproĉas homojn, plej ofte ulinojn, kiuj (laŭdire) ne sekvas la sociajn normojn de sekseco, precipe amorado, ekzemple per kontraŭkoncipado, ofta ŝanĝado de amoraj partneroj, «tro alloga» vesto ktp. Parto de tia konduto estas ankaŭ kulpigo de molestatoj kunrespondeci pri la fiago pro la propra konduto (ekzemple ke iu per tro mallonga jupo provokis perfortadon). [rimarkigo de la tradukinto]

7 Ni ignoru por ĉi tiu momento, ke tiu ideala stato ankoraŭ ne estas atingita.

Neekskluzivaj rilatoj ja indas

Se mi ne havas pli bonan ideon, tiam mi nur pluagas, kiel mi agis antaŭe. La nura diferenco estus, ke tio, kio estis trudata al mi, nun aperas kiel mia propra libera elekto. Sed libereco ne estas nur la manko de eksteraj limigoj. Vera libereco implicas la kapablon ekkoni, formi kaj utiligi eblojn. La malfacileco de ĉi tiu tasko estas ĝenerale subtaksata. Tradiciaj reguloj kaj ŝablonoj de konduto ne simple malaperas per tio, ke ni evitas ilian eksteran trudadon. Male, ili estas efikaj pro sia forma, interna influo sur niaj sentoj, konceptoj kaj ŝablonoj de pensado. Neniel helpas, ke ni *povas* principe ĉe ajna tempo forlasi la tradiciajn ŝablonojn de konduto, se ni ne kapablas koncepti eblajn alternativojn.

La plej multaj homoj prenas la ideojn pri la formo kaj enhavo de dezirinda privata vivo kiel donitajn, kvazaŭ ili estus memevidentaj. Kiu vivas en malfeliĉaj rilatoj, kutime supozas, ke ĝi nur ankoraŭ ne trovis «la ĝustan personon» aŭ ke ĝi mem estas iel manka kiel partnero. Apenaŭ iam oni konsideras, ke ne kulpas iu de la partoprenantoj, sed prefere ilia modelo de rilato.

Tio ne validas, tamen, en la okazo de netradiciaj rilatoj. Ĉi tie, okazas efektive la kontraŭo. Ĉiun nesukcesan neekskluzivan rilaton oni opinias pruvo, ke neekskluzivaj romantikaj rilatoj «ne funkcias.» Se, aliflanke, monogamia rilato malsukcesas aŭ se milionoj da ili malsukcesas, tio ne estas considerata kiel argumento kontraŭ la monogamia modelo. Male, oni kulpigas la koncernatajn personojn. Eble ili ne kongruis sufiĉe bone aŭ, pli malbone, kulpas manko de sociaj kapabloj kaj malbona karaktero.

Komprenu, ke ĉi tiu klara dueca normo rivelas la nekonsciiĝon de nia socio pri normoj kaj antaŭjuĝoj koncerne al rilatoj. La tradicia monogamia modelo de rilato, kiun ajn formon ĝi alprenas en la specifa okazo, ĝenerale ne estas perceptata kiel unu modelo de rilato inter aliaj, sed kiel la natura baza stato. Ĉio devianta de ĝi ŝajnas esti arbitra eksperimento, io artefarita kaj kaprica. Se iu estas en neekskluziva rilato, ĝi elektis efektivigi certan interrilatan modelon. Tial ĝi certe alfrontas demandojn, ĉu ĝi eble iĝis stulta aŭ faris malĝustan decidon. Se iu estas en tradicia rilato, ĉi tiuj demandoj eĉ ne estas starigitaj. Estas tiel, kvazaŭ oni tie entute ne havus modelon de rilato, kiu povus esti malĝusta elekto.

Kelkaj homoj serioze opinias, ke en la hodiaŭa malfermita socio estas neniuj normoj por onia privata vivo. Do devio de la normo entute ne estas ebla kaj estas ankaŭ neniu premo konformiĝi. Ĉiu havas la liberon elekti sian plej taŭgan interrilatan modelon. Kaj pro tio, ke plejparto de la homoj elektas monogamion, ĉi tiu devas esti la plej bona modelo de rilato. Tiuj homoj fundamente eraras. Ekzistas, efektive, normo. Kaj kiu deziras scii, kio ĝi estas, devas nur ŝalti la televidon, aĉeti ajnan revuon aŭ trarigardi la «interrilatan/seksecan» sekcion de ajna librejo. Ĉu en la privata vivo aŭ la amaskomunikiloj, lernejo aŭ politiko, arto aŭ scienco – ni estas bombardataj per ilustraĵoj de tre specifa modelo de rilato; kun konsiloj kaj riproĉoj pri tio, kion kaj kiel oni devas fari, kiam temas pri amo kaj rilatoj. La normo estas ĉiea kaj unu el la sekvoj estas, ke homoj aplikas duecan mezuron, ĉar ili opinias la normon memevidenta, dum ajna devio de ĝi bezonas ne nur klarigon, sed eĉ pravigon.

Estas grave kritiki la maljustan premon de sinpravigo, kiun devas senti tiuj, kiuj devias de la normo. Kelkaj homoj tamen argumentas, ke entute peti pravigon en tiaj aferoj estas malprudente. Ĉi tiu vidpunkto baziĝas sur la antaŭsupozo, ke introspekto estas ĉio, kio necesas por rekoni la veran kaj aŭtentikan «manieron» trakti rilatojn, dum raciaj konsideroj estas iel artefaritaj – neaŭtentika aldono, kiu povus nur servi al submetado de niaj veraj sentoj al iuj eksteraj celoj. Laŭ ĉi tiu rezonado ĉiuj homoj ideale devus trakti siajn rilatojn en la sama senpripensa maniero, kiel nuntempe povas fari nur monogamiuloj. Kompreneble, estas ĝuste, ke neniu devu pravigi sian interrilatan modelon, escepte al la rekte koncernataj personoj. Sed la libero elekti interrilatan modelon postulas pravigi ĝin *antaŭ oni mem*. La eraro do ne estas, ke deviantoj devas pravigi siajn elektojn; estas, ke konformantoj ne devas.

Ĉiuj, inkluzive la monogamiulojn, devus kompreni, ke ili faras decidon kaj ke estas alternativoj. En privata vivo, tiel kiel en aliaj sferoj, la plej multaj homoj volas esti «normalaj», ĉar tiel oni evitas la bezonon mem respondi, kio estas ĝusta kaj kio malĝusta. Kelkfoje tio estas pragmata kaj legitima. Sed rilate aferon tiel centran por niaj vivoj kiel niaj rilatoj blinde sekvi la vojon de plej malgranda rezisto ne estas sufiĉe bone. Estas afero de respekto kaj por niaj partneroj kaj por ni mem. Ĉi tiuj decidoj estas multe tro personaj kaj gravaj, ol ke oni povus eviti ilin, simple kapitulacante antaŭ konvencioj aŭ la kultura industrio.

Ni unue devas rekoni la diversajn implicitajn decidojn, kiujn ni faras, specife tiujn, kiuj estas kaŝitaj malantaŭ ŝajna memkomprenebло. Ni devas esplori, kiuj alternativoj ekzistas, kaj tio postulas ioman kreivon kaj kapablon de kritika pensado. Fine ni eble devas pripensi, sur kia bazo ni entute faras niajn decidojn. Tio estas malfacila tasko. Se unu el la elektoj estas establita kiel normo tiel firme, ke ĉiuj alternati-

voj aperas preskaŭ neimageblaj, tiam tiu normo ankaŭ pro-
funde influas niajn preferojn kaj antaŭjuĝojn.

3. Racio kaj sento

Baza objeto, kiun mi devas trakti ĉe ĉi tiu punkto, estas la sekva: «Ĉi ĉio sonas pli-malpli senchave. Sed ĉu tio ne estas iel strange neadekvata maniero pensi pri amo? Ĉu tio ne estas tro intelekta aliro, se konsideri, ke temas pri sentoj? Ni ne parolas pri konvinkoj, kiujn oni povas ŝanĝi pro apero de pli bonaj, pli raciaj argumentoj. En ĉi tiu loko la demando pri nia propra vivovojo estas alia ol la demando pri la toleremo al aliaj: Tiel longe, kiel neniu suferas, ni devus akcepti kaj toleri, ke kelkaj homoj havas preferojn kaj faras decidojn, kiujn ni ne komprenas kaj eble eĉ povus abomeni. Tio estas politika kaj morala imperativo, por kiu oni povas prudente argumenti. Sed kiel ni povus argumenti por aŭ kontraŭ preferoj kaj sentoj? Malsame ol kredoj tiuj ne simple ŝanĝiĝas pro argumentoj. Eĉ se estus argumentoj, kiu pruvas al mi, ke tiu aŭ ĉi tiu vojo al amo estas la plej bona el vidpunkto de racio – fine tio estas ja abstrakta kaj negrava trovo, se mia koro diras ion alian al mi, kaj mi estus malfeliĉa kun tiu racia vivovojo. Kiom utilus racie rezonita romantika rilato, kiu ne alportas feliĉon por ĉiuj partoprenantoj?»

Ĉi tiu objeto fontas en malĝusta konceptado de la rilato inter racio kaj sento. Tiu miskompreno estas ekstreme vasta kaj ripete kaŭzas problemon por ĉiu provo trakti emociajn temojn, do eĉ kvankam ĝi povus ŝajni kiel ioma ekstertemiĝo, estas inde uzi iom da tempo por solvi ĝin. Ĉi tiu diskuto provizos ankaŭ la bazon por tio, kion mi diros koncerne al parenca afero, kiun oni ofte opinias la plej prema problemo de neekskluzivaj rilatoj: la problemo de ĵaluzo.

En la praktiko, laŭ ofta supozo, la pli bona argumento ofte ne nepre estas la pli sukcesa. Vivo, ŝajne, preferas la pragmatistojn al la teoriistoj, kaj tiujn, kiuj aŭskultas pli al la ventro ol al la kapo. Sed je pli proksima rigardo, evidentiĝas, ke tio ne estas pro iu esenca manko de racio, racieco aŭ la cerbo en komparo al sento, intuicio aŭ koro. Temas prefere pri specifa *koncepto* de racio kaj sento, kiu estas neadekvata. Por kompreni tion ni devas preni la ideon de «racio» serioze. En la ĉiutaga vivo, la vorto estas plej ofte uzata laŭ erariga aŭ plene neĝusta maniero. Ofte «prudenta» konduto signifas nenion pli ol tradician, «normalan», atendatan konduton – sed kompreneble ekzistas neraciaj normoj kaj konvencioj. La termino «racieco» precipe estas asociata kun la optimumigo de la rilato inter kostoj kaj utiloj, komprenata tre mallarĝe laŭ ekonomiaj difino de «utilo». Sed ankaŭ tio havas malmulton komunan kun racieco. «Racia» estas antaŭ ĉio tio, kion oni povas aserti surbaze de validaj argumentoj. Se oni povas argumenti, ke oni devus konduti «neracie», tiam la koncernata konduto ne vere estas neracia. Argumento kontraŭ racio estas kontraŭdiro en si mem. Kritiko kontraŭ racio fakte celas preskaŭ ĉiam tro reduktitajn aŭ unuflankajn *interpretojn* de racio. Implicite la argumento aŭ kritiko do strebas al pli *multa* aŭ pli bona racio, ne malpli.

Sekve ni revenu al la origina objeto. Ĝi asertis, ke racia modelo de rilato ne estas bona, se ĝi gvidas al malfeliĉo aŭ estas simple nepraktika. Sed el kio konsistus la racieco ĉi tie? Modelo de rilato ne estas scienca teorio, kiu klarigas, kiel aferoj funkcias. Male, ĝi proponas eblajn manierojn inter-rilati kaj konstrui rilaton per akcepto de certaj reguloj kaj sindevontigoj. Ĝi ne havas iun alian celon ol esti funkciiva kaj feliĉigi nin. Nenio estas «racia» pri modelo de rilato, kiu estas netaŭga por ĉi tia tasko.

Neekskluzivaj rilatoj ja indas

Nun, tia modelo de rilato, kia feliĉigas nin, ne gutas el la ĉielo, per aŭskultado de niaj sentoj kaj evitado de troa racia pensado. Jam pro tio, ke niaj sentoj estas, bedaŭrinde, ne pli prudentaj ol ni mem. Ili ja ofte povas esti pli prudentaj ol niaj *pensoj* – precipe, se niaj pensoj estas formitaj laŭ la speco de malvera racieco, kiu baziĝas sur nesufiĉa konsidero de la gravaj sentoj. Sed niaj sentoj ne estas ĉiosciaj aŭ seneraraj. Ili ne malkovras al ni iun pli profundan veron, kiu povus gvidi nin. Ili simple respegulas la spertojn, kiuj formis nin kaj nian nunan komprenon de nia situacio. Ankaŭ nia metabolo ludas rolon – estas konate, kiel forte la hormona nivelo, ebrio aŭ eĉ sukero povas influi nin. Fine, kun ioma singardemo, kelkajn sentojn oni ankaŭ povas certagrade kompreni kiel esprimon de nia evolubiologia heredaĵo. Sed nenio el tio donas pli altan aŭtoritaton al niaj sentoj.

Se paroli pri amo, ofte oni opinias sakrilegio konstati, ke sentoj estas eraremaj (aŭ, pli ĝuste, tro facilaj juĝoj kaj decidoj bazitaj sur niaj sentoj). Tamen, tiu eraremo estas ĝenerale konfesata. Por iu edukita profunde religie, amora deziro povas esti konektita kun neforigeblaj sentoj de kulpo, kaj certe plejparto de ni konsentus, ke tio ĉi ne malkaŝas ajnan pli profundan veron pri la senchaveco de sekseco. Neniu dubas, ke kelkaj homofobiuloj povas sincere trovi abomene, kiam du uliĉoj pasie interkisas aŭ amoras unu kun la alia. Kaj ke ĵaluzo povas alpreni patologiajn formojn, estas konfesate eĉ de tiuj, kiuj opinias ĵaluzon havenda kaj laŭdinda esprimo de vera kaj profunda amo.

Kiam sentoj venas en konflikton kun ĝeneralaj valoroj, ni ne havas problemon malakcepti ilin kiel akiritajn antaŭjuĝojn kaj fobiojn. Sed kiam temas pri amo, multaj homoj persiste provas atribui «pli profundan veron» al la sentoj – almenaŭ tiel multe, kiel tiuj sentoj konformas al la normoj de monogamio.

Precipe depost la Romantika epoko al erotika amo estas atribuata kvazaŭreligia grado de graveco, kiu estas nepravigebla kaj problema. Ekzistas la longtempa kliŝo de persono, kiu enamiĝas ĉiam denove je la malĝustulo. Ĝi efektive agus prudente, se ĝi ĉesus elekti siajn partnerojn per enamiĝo. Ĉi tie la objeton, kiun oni levis kontraŭ «racio», oni povas utiligi ankaŭ kontraŭ la «sento»: Kiel utila estas sento, kiu regule malsukcesas en la praktiko kaj nur malfeliĉigas ĉiujn koncernatojn? Estas strange, ke tiun romantikisman fundamentiston, kiu ĉiam denove enveturas sakstraton, ĉar ĝi blinde fidas siajn sentojn, oni taksas malsame ol ĝian supozeble racieman, sed egale senfeliĉan ĝemelon. La unua estas vidata kiel tragika heroo, sed ĝia kolego kiel profana, ideologia fanatikulo. Ne havas sencon tiel malsame taksi ambaŭ personojn. Ambaŭ malutilas al si mem tiel same. Ambaŭ tute malsukcesas, eĉ laŭ siaj propraj normoj kaj pro la sama kaŭzo: Ili dogmece sekvas simplisman maksimon ne korekteblan per la realo. La romantika fundamentisto povus malsami de la intelekta ideologo per tio, ke ĝi eĉ ne konscias pri sia motivo, sed tio ne igas ĝian malsukceson iel pli nobla. Ni povas vidi ĉi tie, kiel tiuj, kiuj laŭdas sentojn kaj malbonfamigas racion, aplikas duecan moralon.

Do, sento povas misgvidi nin (eĉ en malfeliĉon) tiel facile kiel racio. Sed estas pli profunda problemo, kiu kondukas nin al la baza eraro en la kontraŭigo de racio kaj sento: Kion entute signifas «aŭskulti siajn sentojn»? Ĉu tio vere estas io, kion oni povas fari *ne pensante*? Tio ĉi eble veras por la plej primitivaj sentoj, precipe kiam ili estas tre intensaj – kolerego estas bona ekzemplo. Sed tiuj, kiuj rekomendas aŭskulti la koron, kutime ne celas blindan deliran furiozon. Prefere ili pledas por pli kompleksaj sentoj – ekzemple amo, kompato aŭ, kiam oni defendas monogamion, ĵaluzo. Por aŭskulti tiujn sentojn oni devas kompreni kaj interpreti ilin. Ili ne estas nur aŭtomataj, rektaj, nekonsciaj reagoj al tio, kio okazas al ni. Ĉi tiuj sentoj male rilatas laŭ multaj vojoj al niaj kredoj kaj valoroj kaj per tio al intelekta ekzamenado.

Kio aperigas specifan senton, kaj kiel efikas, kiam mi traktas ĝin laŭ tiu aŭ ĉi tiu vojo? Kiujn sentojn mi provu eviti kaj kiujn alstrebi? Nek ĉiuj malagrablaj sentoj estas evitendaj nek ĉiuj agrablaj estas dezirindaj. Ĉiuokaze kelkfoje oni ne povas diri, ĉu sento estas agrabla aŭ malagrabla. Ĉi tiujn demandojn oni povas respondi nur surbaze de sperto. Sed ne ekzistas sperto, por ne paroli pri lernado el sperto, sen ia grado de intelekta engaĝiĝo. Sed unue oni devas entute rekoni ĉi tiujn demandojn kiel demandojn. Kaj ĝuste kiel niaj opinioj pri aliaj aferoj ankaŭ niaj opinioj pri niaj propraj sentoj estas ofte influtaj de antaŭjuĝoj kaj determinitaj de nekonsciaj sociaj normoj.

La plejparto de sentoj estas bazita sur interpretoj. Nia amo povas ĉesi, kiam ni konsciiĝas, ke nia amato ne estas tia persono, kia ni pensis ĝin. Ĵaluzon povas kaŭzi kaj la percepto de la deziro de amanto por iu alia kaj nur imago de tia deziro, dum fakte estas neniu. Ni povas malsukcesi senti kompaton, ĉar ni ne vidas, ke la persono ĉe nia flanko suferas; same ni povas senti kompaton, kiam ni erare kredas, ke iu suferas pro situacio fakte nesuferiga. Tial aŭskulti niajn sentojn estas rekomendinde nur tiugrade, kiugrade ni kapablas trakti nian percepton de aliaj sentive kaj konscie. En tiu procezo pensado estas nemalhavebla.

Racio kaj sento

Apud opinioj ni devas konsideri ankaŭ valorjuĝojn. Ofte opinio, valorjuĝo kaj emocia reago estas nedisigeble implikitaj. Mian ofendiĝon ne kaŭzas iu (imagata) ago, sed tio, kiun signifon mi en procezo de interpreto atribuas al ĉi tiu ago. Tio estas ofta fonto de miskomprenoj. Cetere, eĉ se mi ĝuste interpretas iun insulton, mi ankoraŭ povas demandi min, ĉu estas infanece reagi kun senbrida kolero al iu «malbela» vorto. Alia ekzemplo: Mia admiro aŭ malestimo de iu konduto estas kelkfoje ne klarigata per la fakto, ke mi trovas la konduton mem grandioza aŭ abomeninda, sed per mia opinio, ke la konduto estas fidinda indikilo por bona aŭ malbona karaktero. Simple pripensu, kiel ofte ni juĝas homojn laŭ ties aspekto.

Valorjuĝoj ne estas «pure intelektaj» konvinkiĝoj. Apud nura opinio, kiun oni vortigus demandite, ili ankaŭ produktas emociajn skemojn de reagado. Oni ne nur *pensas*, ke certa konduto estas malĝusta; oni ankaŭ *sentas* tion interne. Subjektive oni eĉ povas provi pravigi la konvinkiĝon pere de la sento: Mia agresa eksentado estas *pruvo*, ke la ofendo estas netolerebla kaj postulas laŭan, eble eĉ perfortan reagon. Sed ĉi tiu emocia reago ne estas denaska kaj neforigebla parto de mia naturo. Mi lernis ĝin iel. Aŭ, por diri ĝin pli zorge, almenaŭ la parto rilate interpretadon kaj juĝadon devas esti akirita; nur la «pure senta» parto – se oni povas ĝin apartigi – eble povus esti iamaniere «denaska».

Medito kutime sufiĉas por ŝanĝi niajn kredojn, sed sentoj estas pli obstinaj. Eĉ se iu komprenas, ke estas stulte lasi sin provoki per bagatela insulto al senbrida agreso, ĝi povas esti nekapabla ĉesi reagi laŭ ĉi tiu maniero. Por tio oni devas labori pri si mem. Novan rezonon oni devas tamen internigi antaŭ ol ĝi fariĝas efika, kaj ĉi tiu internigo estas ofte malfa-

cila, peniga tasko, ĉar plejparte la skemoj de juĝaj konvinki-
ĝoj kaj emociaj respondoj estas akiritaj jam en infanaĝo kaj
adolesko. Tiaj aferoj ne povas esti mallernataj rapide. Tipe
oni unue devas praktiki ioman memdisciplinon por liberiĝi
de la malnovaj skemoj kaj por agi en pli taŭga maniero, kon-
traŭ siaj impulsoj. Oni bezonas tempon por kutimiĝi al novaj
manieroj de konduto. Poste, kiam oni spertas, ke ĉi tiu nova
reago-maniero estas supera al la malnova kaj kondukas al
pli bonaj rezultoj, ĝi (espereble) fariĝos tiel kutima kaj sen-
pena kiel la malnova.

La vorto «memdisciplino» eble alarmas kelkajn homojn.
Tia memedukado estas konsiderata neaŭtentika kaj ago de
perforto kontraŭ si mem. Kompreneble, tiu kritiko estas foj-
foje trafa. Sed kondamni ĉiun specon de sinregado kaj sin-
plibonigo, do kondamni ĉiun konscian prilaboron de la per-
soneco, certe estus troigo. Ni tiam estus senpovaj ludiloj de
niaj propraj spontaneaj impulsoj, kiuj ja plejparte estas nur
lernitaj kondutoj. Neniu argumentas por tia radikala vid-
punkto; do oni devas akcepti, ke memdisciplino estas kelk-
foje necesa. Sed se iu parolas pri la bezono entrepreni kons-
cian prilaboron de la sentoj rilate amon (kiel ĵaluzo), la reago
estas ofte indigno. Laŭdire *tio* certe estas malmolkora raciis-
mo, teĥnokratia administro de sentoj, subigo de amo sub la
reguloj de funkciismo aŭ eĉ pli malbone!

Tia argumento ne estas trafa, ĉar ĝi malakceptas memdis-
ciplinon laŭ arbitra maniero. Memdisciplino ja estas ĝenera-
le rekomendita, kiam temas pri sentoj, kiujn oni ial konside-
ras «malbonaj»; ekzemple monogamiuloj tipe rekomendas
aŭ eĉ postulas praktikadi memdisciplinon rilate erotikan al-
logon – ĉu korpan aŭ spiritan – al homoj aliaj ol la propra
partnero. Sed se memdisciplino estas postulata kaj laŭdata,

kiam ĝi subtenas monogamion, tiam nemonogamio ne povas esti malakceptata simple ĉar ankaŭ ĝi necesigas praktiki io-man memdisciplinon. Multaj homoj sugestus konscian prila-boron de senpripensaj sentoj, se temus pri mallernado de seksismaj, homofobiaj aŭ rasismaj antaŭjuĝoj, kaj ja tute prave. Sed neniu ankoraŭ estis kapabla klarigi al mi, kial ĝuste *monogamiajn* antaŭjuĝojn oni ne inkluzivu en tian ne-cesan specon de medito kaj memkritiko.

La gvidanta principo por ĉi tiu procezo de medito kaj sin-plibonigo ne estas (aŭ: ne estu) iu ekstera, objektiva normo de «racio», sed estu male tio, kion la individuo konsideras havenda kaj vere valora en la koncerna rilato. Ekzemple mi ne provu, se entute, mallerni ĵaluzon pro tiu kaŭzo, ke mi ne komprenas ĝin aŭ ĝi estas maloportuna sento aŭ iu postulas ĝin de mi, sed la nura valida rezono por tia provo estu, ke mi mem pensas, ke ĵaluzo kontraŭas aliajn sentojn kaj valorojn pli gravajn por mi – ke ĝi subfosas mian kapablon havi la specon de rilato kaj vivo, kiun mi vere deziras.

Racio kaj sento do ne konkuras, sed male estas malapartaj kaj interrilatas. Nur kun tiu ĉi fono eblas pensi klare pri amo. Unuflanke la «emocia tipo», kiu aprezegas siajn sen-tojn kaj kies ĉefa celo estas resti fidela al sia koro, devas laŭe peni kompreni, kion ĝia koro efektive diras al ĝi (kaj kion ĝi nur interpretas). Aliflanke la «racia tipo» ne malkonfidu siajn sentojn simple pro tio, ke ili estas ekster ĝia rego aŭ ĉar ĝi ne komprenas ilin. Anstataŭe ĝi strebu ĝuste kompre-ni. Kaj ĝi meditu, por kio oni entute regas sentojn, kaj konsi-deru, ke ĉi tiun celon (kio ajn ĝi estas) oni povus pli bone atingi ne regante ĉion regeblan. Kaj kompreneble ĝi akceptu, ke estas malracie provi regi aferojn neregeblajn.

Neekskluzivaj rilatoj ja indas

Tiel la «emocia tipo» kaj la «racia tipo» do faras ĝuste la saman aferon: Ili ambaŭ *atentas* siajn sentojn kaj provas trakti ilin *prudente*. Kaj «prudenta» trakto ĉi tie ne signifas limigi sentojn por konduki vivon, kiu laŭas sociajn konvenciojn aŭ tradiciajn ŝablonojn de laŭdira «racieco». Anstataŭe «prudento» signifas, ke ĉiu bezonas krei sian vivon konscie kaj laŭ siaj individuaj deziroj kaj cirkonstancoj.

4. Kelkaj rimarkigoj pri la problemo de ĵaluzo

Ĉar ĵaluzon oni ofte opinias la plej granda problemo por ne-ekskluzivaj rilatoj, ĝi estas ideala okazo por montri, kion povus signifi pensi pri sentoj kaj racie trakti ilin laŭ maniero ne influita de favoro al monogamio. Atentu tamen, ke ĉi tie mi ne povas proponi ampleksan solvon por la problemo de ĵaluzo. Tio estus temo por alia libro.

Estas surprize neklare, kio fakte estas ĵaluzo en la kunteksto de romantika amo. La vorto servas ofte kiel kolektiva esprimo kovranta multajn malsamajn negativajn sentojn, kiujn oni iel direktas kontraŭ vera aŭ imagata minaco al la rilato. Tipe tiu minaco estas ebla rivalo aŭ iu, kiu alimaniere povus inspiri onian partneron malpli valorigi la rilaton aŭ rompi la regulojn de ekskluziveco. La reguloj de monogamio permesas sufiĉe malfajne trakti tiajn sentojn. Monogamia rilato implicas ne nur la devon daŭrigi amoran kaj sentan ekskluzivecon, sed ankaŭ daŭrigi la rilaton kun ioma grado de intenseco. Se amo aŭ intereso malfortiĝas sub certan nivelon, oni opinias la rilaton «malsukcesa» kaj devas ĝin ĉesigi. Baze do estas respondenda nur unu grava demando: Ĉu estas sufiĉa kaŭzo supozi neobservon de niaj reguloj aŭ atendi tion en la proksima estonteco? Se jes, tiam ĵaluzo estas pravigita. Se ne, ĝi estas misproporcia kaj troigita. Ĉi tiu takso determinas la konsekvencon.

Neekskluzivaj rilatoj funkcias laŭ malsamaj reguloj kaj postulas do malsaman kategoriigon de sentoj. Tial ne sufiĉas uzi la terminon «ĵaluzo» same larĝe. Ĉar estas granda diferenco, ĉu alia rilato de mia partnero prezentas al mi veran kialon por timi pri nia rilato, aŭ ĉu mi estas nur nekapabla trakti la fakton, ke alia rilato ekzistas. En la unua okazo, estas pli precize paroli pri timo de perdo, nur en la dua pri ĵaluzo. Timo de perdo estas natura kaj tute enorda reago al perceptita minaco por grava rilato. Ĝin povas kaŭzi ne nur rilatoj de onia partnero kun aliaj, sed same bone malpliiĝanta intereso aŭ eksteraj cirkonstancoj, kiel labora troŝarĝiĝo aŭ transloĝiĝo de partnero al alia urbo. Ĉi tiu speco de problemo ne rekte rilatas al la formo de la rilato, tiel ke oni povas ĝin trakti ĉiam laŭ pli-malpli simila maniero. Oni devas provi kiel eble plej bone forigi siajn proprajn dubojn kaj timojn, aŭ eble akcepti, ke amrilato finiĝas aŭ fariĝas malpli intensa.

Nur ĵaluzo komprenata laŭ la mallarĝa senco prezentas specifan problemon por neekskluzivaj rilatoj. Ĝi okazas, kiam alia rilato de mia partnero kaŭzas envion aŭ ankaŭ timon de perdo, eĉ se ne ekzistas specifa minaco por mia rilato. Tia scenaro estas neebla en monogamio, ĉar ekstera rilato de partnero lezus la postulon de ekskluziveco, kio estus, laŭ difino, esenca minaco por la rilato. Ĉi tiu diferenco komprenigas la veran naturon de la problemo: La koncerna speco de ĵaluzo estas specife monogamia sento. Ni ĉiuj estas forte influitaj de la kulturo de monogamiaj rilatoj kaj inklinas vidi kiel minacon tion, kio estus minaco por monogamia rilato, eĉ se ĝi ne estas minaco por neekskluziva rilato.

Komparo povus esti utila: Nudeco estas opiniata hontiga en nia kulturo. De certa aĝo ni sentas honton estante nudaj antaŭ aliaj. Aŭ, pli trafe, estante nudaj je kelkaj specifaj korpopartoj. Estas relative facile vidi, ke ĉi tiu honto ne estas daŭra elemento de la homa naturo, sed prefere parto de specifa prikorpa kulturo: Unuflanke la elekto de la korpopartoj hontigantaj estas arbitra laŭ evidenta maniero. Aliflanke estas same arbitre, ĉu la honto okazas antaŭ aliaj homoj ĝenerale aŭ nur antaŭ personoj de alia sekso. Kaj kompreneble ni

Kelkaj rimarkigoj pri la problemo de ĵaluzo

ĉiuj scias, ke tiu sento de honto povas malaperi. Estas kelkaj situacioj, en kiuj estas necese aŭ atendate malkovri niajn kutime kovritajn partojn, kiel en amoraj rilatoj, ĉe kuracisto, en saŭno (tio ĉi ne validas ĉie, mi scias, sed ĉiu nordiano konfirmus al vi, ke vestite oni uzas la saŭnon malĝuste) aŭ eĉ por vaksa forigo de pubharoj. Post ioma tempo ni kutimiĝas esti nudaj en ĉi tiaj situacioj. Certe homoj ne perdas sian honton simple pro tio, ke ili decidas malaprobi ĝin kiel malracian reagon. Ili devas komenci elektante esti sen vestoj en situacioj, en kiuj tio estas senchava kaj socie farebla, eĉ kvankam ili plej verŝajne unue sentas embarason kaj malkomforton. Se la neŭrozoj rilataj al nudeco ne estas tro profundaj, oni kutimiĝas al ĝi rapide; la honto malaperas.

La honto en ĉi tiu ekzemplo estas sento, kun kiu iu persono ne plu identigas sin. Anstataŭe la sento estas perceptata kiel limo perita de la ensociiĝo. Ĉi tiu senta respondo esprimas valorjuĝon pri nudeco, kiun oni ne plu aprobas. Tiaj sentoj, simile al kunula premo kaj premo konformiĝi, malhelpas nian sendependecon. Emancipiĝo de ili estas paŝo al pli da sendependeco kaj, se oni deziras uzi tiun iom probleman terminon, aŭtentikeco.

Ĵaluzon oni povas trakti laŭ tre simila maniero. Supoze, ke iu eniras neekskluzivan rilaton pro bonaj kialoj, kiuj vere estas ĝiaj propraj kaj ne estas truditaj de aliaj aŭ de la specifa situacio, ĉi tiu persono ankoraŭ povas senti ĵaluzon. Sed tiam la problemo estas la ĵaluzo, ne la konduto de la partnero, kiu kaŭzis ĝin. Se oni sukcesas venki ĉi tiun ĵaluzon ne cedante al ĝi, simile kiel oni povas venki honton ĉe nudisma plaĝo, la sentoj de ĵaluzo kutime baldaŭ malgrandiĝas pro la sperto, ke ĉiu pasinta okazo de ĵaluzo estis, fakte, neniu vera minaco.

Neekskluzivaj rilatoj ja indas

Kompreneble tio entute ne devas esti facila. Multo dependas de la konduto de la partnero, kiu devus esti sentema, respektema kaj subtena. Kaj ĉiuj koncernatoj konsciu, ke kiam unu el ili fartas malbone pro sento de ĵaluzo, tio ĉi ne signifas, ke iu alia faris ion malbonan aŭ estas akuzita esti farinta ion malbonan. Ankaŭ sincereco estas esenca. Estas gravege, ke ĵaluzon ne stimulu realaj malsincero kaj sekretoj. Montri takton estas bona afero, sed trompi la partneron estas ruinige, ĉar tio subfosas ĝuste la konfidon, kiu estas la fundamento de ĉiu serioza rilato. Ĝiavice estas ankaŭ grave konfesi onian ĵaluzon anstataŭ nei ĝin. Tion oni povas kompreneble fari nur, se onia partnero respektas oniajn sentojn kaj ne trudas al oni, ekzemple, «regi super la situacio». Tio ĉi denove havas alian flankon: Suferado pro ĵaluzo ne devas misuziĝi por manipuli kaj obeigi partneron. Dum oni povas atendi, ke onia partnero respektu oniajn sentojn kaj ĝenerale estu subtena, oni devas ankaŭ montri respekton por sia partnero, traktante sian ĵaluzon kiel propran problemon kaj ne respondecigante la partneron. Konsentite, ĉi ĉiuj konfliktantaj asertoj povas nur malfacile malimplikiĝi en kelkaj situacioj, sed dum la koncernatoj memoras labori unu kun la alia anstataŭ kontraŭ la alia, ĝi kutime estas inda.

Ĉi ĉio eble sonas tro optimisme por tiuj, kiuj kredas, ke ĵaluzo estas natura reago, enradikiĝinta en nia ŝtonepokaj cerboj. Sed tio laŭ mi estas mito. Malgraŭ nuntempe modaj, sed tre spekulativaj asertoj pri la evoluo de homa pariĝo, ne ekzistas konvinkaj indicoj, ke homoj havas «naturan» tendencon reagi ĵaluze kontraŭ lezoj de senta kaj amora ekskluziveco. Estas sufiĉe multaj homoj, kiuj asertas esti liberaj de ĵaluzaj inklinoj kaj kiuj vivas laŭe. Ŝajnus tro facile nomi ilin malsinceraj aŭ malnormalaj. Ĵaluzo estas vera problemo por multaj homoj, sed eĉ se oni opinias ĝin neevitebla, monogamio ne estas la nura kaj ne nepre la plej facila maniero trakti ĝin. Eblas venki ĵaluzon, eĉ se tio eble estas pli malfacila por unuj ol por aliaj.

Ĵaluzo estas fisento produktita kaj subtenata de monogamio mem kaj sekve ne povas esti bona kialo por monogamio, same kiel seksismaj fisentoj ne povas provizi bonajn kialojn por seksismo. Antaŭ ĉio oni ne lasu la problemon de ĵaluzo malinstigi onin serioze pensi pri monogamio kaj ties alternativoj. Ĉi tiu speco de medito interalie povus ĵeti novan lumon sur onia propra ĵaluzo, kio povus esti utila.

5. Antaŭjuĝoj: maski regulojn kvazaŭ faktojn

Kiam homoj adoptas interrilatan modelon, multaj decidoj fa-
ritaj de ili kutime restas implicitaj, vualitaj kvazaŭ mem-
kompreneblaĵoj. Gravas malkovri ilin antaŭ ol oni povas fari
konscian elekton. Bedaŭrinde ne sufiĉas simple atentigi pri
tio, ke tiu aŭ ĉi tiu supozo ne estas memkomprenebla. Nia
kulturo ne nur provizas nin per ŝajne memkomprenebla mo-
delo de rilato, sed ĝi ankaŭ liveras multajn antaŭjuĝojn kaj
ŝajnargumentojn, kiuj servas por forteni dubojn pri la popo-
la saĝo (kaj por aldone imputi dubindajn motivojn al tiuj,
kiuj esprimas dubojn pri monogamio).

Multaj de ĉi tiuj antaŭjuĝoj estas prezentataj kiel fakta
scio, sed vere estas normoj kaj reguloj. Ofte estas sufiĉe sim-
ple senmaskigi tiujn ŝajnfaktojn kiel normojn. Tamen tiu
maskado estas surprize konvinke efika; parte, ĉar ĉiu ŝajne
kredas je ĝi – kaj kiel povus ili ĉiuj esti malpravaj? – kaj
parte, ĉar la socio penas certigi, ke tiuj, kiuj malobeas la re-
gulojn, vere ne vivu feliĉe kun tiuj deviaj elektoj.

La ideo de «vera amo» estas la plej populara artifiko por
maski la regulojn de difinita modelo de romantikaj rilatoj
kvazaŭ faktojn pri romantikaj rilatoj ĝenerale. Ekzemple:
«Se vi ne volas havi vian partneron nur por vi mem, tiam ne
temas pri vera amo!» lasas sin facile konstati, ke tio estas
simple tre aroganta, nepravigebla aserto. Kiel oni ja distingu
«veran» amon disde «malvera» amo? Se iu sentas tiel, kiun
sencon havas malvalorigi tion kiel «malveran» tipon de
amo?

Kaj eĉ se oni povus igi tiun distingon iel sencohava: Kio
estus la bazo por la aserto, ke vera amo neeviteble igas nin
deziri, ke nia partnero apartenu «tute al ni»? Cetere estas

notinda la strange idiosinkrazia uzado de la esprimo «tute al iu». Kompreneble «tute» ne signifas, ke ni deziras, ke nia amato ne plu konversaciu kun aliaj homoj aŭ ne rigardu ilin. Sed kial fakte ne? Ĉu mia partnero ne apartenus eĉ pli «tute al mi», se neniu alia parolus kun ĝi aŭ rigardus ĝin? Aliflanke, se mi vere povas ami iun kaj samtempe «dividi» ĉi tiun personon kiel konversacian partneron, kial tiam ne ankaŭ kiel amoran partneron? Kaj kial amon entute devus akompani tiaj strangaj deziroj, kiuj neniel rilatas al tio, kio okazas inter mia partnero kaj mi, sed kiuj rilatas al tio, kio *ne* okazas inter mia partnero kaj aliaj homoj? Se mia partnero estas kapabla ami aliajn kaj samtempe ne malpli ami min, kial tion kontraŭu «vera» amo?

En pli frua tempo oni, kontraŭante samseksemulojn, ĝenerale asertis, ke vera amo povas ekzisti nur inter uliĉo kaj ulino. Tio estas sensencaĵo, kompreneble, fia antaŭjuĝo de plejebla impertinento kontraŭ ĉiuj, kiuj sentas aman ligon al persono de la sama sekso. Estas vaste akceptite hodiaŭ, ke ne ekzistas tia stranga leĝo natura, ke ĉiu homo povas ami nur personojn de alia sekso. Kontraste oni ankoraŭ ofte diras, ke iu, kiu vere amas, nepre devas ankaŭ esti ĵaluza. Sed neniu povas konvinke klarigi, kial ĉi tiu aserto devus esti pli kredinda ol la unua. En ambaŭ okazoj oni neas la amon de homoj, kiuj kredas, ke ili iun vere amas (kio ankaŭ implicas, ke tiuj homoj estas nekompetentaj juĝi siajn proprajn sentojn), nur ĉar la koncerna sento ne konformas al iu tradicia skemo (kiu postulas jen aliseksemon, jen ĵaluzon).

Simile statas pri la aserto, ke estas neeble ami pli ol unu personon samtempe. Tio estas tre stranga aserto. Bone, iu povus tion diri eble pri *si mem* – kvankam eĉ en ĉi tiu okazo ŝajnas dubinde, sur kiu bazo ĝi povus diri pli ol «ĝis nun tio ne okazis al mi». Sed kial *neniu* devus esti kapabla ami pli ol unu personon samtempe? Kaj kiel *iu* povus tion scii? Fakte ni kutime supozas la malon: Infanoj, aliaj parencoj, amikoj – ni ĉiam estas kapablaj kaj devus ami multajn personojn. Kial romantika amo estu tia kurioza escepto?

Estas ne malofta okazo, ke iu, kiu estas jam enamiĝinta, evoluigas sentojn por alia persono. Neniu neas, ke tio povas okazi. Kaj per tio ni jam havas empirian refuton de la tezo, ke estas neeble ami plurajn personojn. La kutima respondo al tio estas, ke nur unu amo el la du okazoj povas esti la «vera»; ke, se do la lastatempe aldonita ameto kreskas al «vera» amo, tiam – laŭ aserto – la antaŭa amo devas ne plu esti vere «vera» amo. Sed ĉi ĉio evidente estas ne konstato de faktoj, sed starigo de regulo. La aserto, ke amo ĉiam devas ĉesi esti «vera», antaŭ ol alia povas realiĝi, ne havas sencon kiel prifakta konstato. Kiel oni povus verŝajnigi tian aserton empirie, ke neniu sur la tero estus kapabla havi aliajn sentojn? Estus miskompreno interpreti la aserton kiel fakton pri ies sentoj. Male, temas pri la *statuso* donita al tiaj sentoj. «Vera amo» estas speco de honora titolo, kiel «monda ĉampiono», kiun povas porti en difinita momento nur unu persono. Do ne temas pri la sentoj mem, sed kiel oni ilin traktas kaj taksas en modelo de rilato, en kiu paralelaj rilatoj ne estas eblaj. Ke ni povas ami nur unu personon, ne estas tezo, sed *regulo*, kiu estas parto kaj manifestiĝo de monogamio kaj ne ties pravigo.

Ni renkontas tiun ŝajnfakton en ties vera formo en la postulo, ke iu, kiu amas du homojn, devas *elekti* inter ili. Homoj, kiuj malakceptas tiun postulon, decidante ami du homojn samtempe, devas elteni multan kritikon. Ke ili laŭdire ne scias, kio estas vera amo, ke ili laŭdire estas nematuraj, malprudentaj, egoismaj kaj malkapablaj havi rilaton. Precipe ĉi-lasta akuzo estas ege paradoksa, ĉar, evidente, iu havanta *du* rilatojn anstataŭ nur unu, devas estas pli kapabla en rilatoj, ne malpli.

La postulo, ke oni elektu inter du eblaj ama(n)toj, estas rigardata kiel tiel memkomprenebla, ke oni malofte pripensas, kion ĝi efektive signifas. Sed estas ĝuste ĉi tiu postulo, kiu plej klare malkovras la dubindajn implicojn de monogamio: Ĝi estas aranĝo por *malhelpi* amon! Da amo ne estu tro, kaj amo ne estu tiel facila! Se du homoj amas unu la alian, ili ne simple estu kune – ne, unue ili ĉesigu ĉiun alian ekzistantan romantikan rilaton. Kaj kial? ... Ĉar!

Tio estas absurda, kaj eble ŝajnas ridinde al multaj homoj, ke en la bone establita kaj estimata modelo de rilato, monogamio, troviĝus tia absurdaĵo. Tamen ĉi tiu fakto ne estas entute tiel surpriza, se vi pensas pri ĝi. Memoru nur, ke ĝis antaŭ kelkaj jardekoj (kaj en konservativaj medioj ĝis hodiaŭ) regis tute analogia sinteno kaj oficiala dogmo rilate seksecon. Hodiaŭ ni apenaŭ plu komprenas, kial sekseco aperis esti tiel timiga, malbona, malica, ke dum generacioj la homoj penis (laŭvorte) perforte limigi ĝin al unu rifuĝejo, eŝeco. Memoru, kiel eĉ sinmasturbo, la plej senkulpa kaj sendanĝera formo de sekseco, estis profunde malakceptata. Kompreneble ĉiuj asertoj pri mjela sklerozo, blindiĝo aŭ freneziĝo kaj aliaj malbonoj de sinmasturbo ne estis kaŭzo, sed sekvo de ĉi tiu kontraŭseksa sinteno. Sed oni prenis ilin kiel sciencajn eltrovojn dum longa tempo (oni memoru tion, kiam oni alfrontas kelkajn el la «sciencaj faktoj» pri amo, sekseco kaj seksaj diferencoj nuntempe).

Kiel facile estas por ni priridi la absurdon de la argumentoj de niaj prauloj kontraŭ sinmasturbo, antaŭeŝeca amoro, ekseŝiĝo, samseksemeco ktp.! Sed kiel same facile ni aliflanke malakceptas kritikon kontraŭ nuntempe kredataj opinioj simple surbaze de tio, ke ĉi tiu kritiko implicas, ke nia socio hodiaŭ plu havas absurdajn opiniojn. Bedaŭrinde, eĉ se la tuta mondo estas konvinkita pri io, tio ne signifas, ke ĉi tiu konvinkiĝo ne povas esti absurda. Kiam ni ne emas akcepti difinitan vidpunkton (kiel en la okazo de multegaj opinioj el antaŭaj generacioj), ni senprobleme vidas, kie troviĝas la misoj en la argumentoj por ĉi tiu vidpunkto. Sed mirige, la samaj misaj argumentoj estas ankoraŭ prezentataj hodiaŭ kaj subite estu denove konvinkaj, kiam ili servas al vidpunktoj plu havataj hodiaŭ.

Multaj monogamiuloj ravite laŭdas amon, kaj ofte ili estas konvinkitaj, ke amo povas neregeble trafi homojn. Sed ankaŭ estas fakto, ke multaj feliĉaj amantoj aldonan fojon enamiĝis neantaŭvideble kaj pretervole. Ĉu tio ne povas okazi al ĉiu ajn, kaj eĉ se ne en la unuaj jaroj de rilato, tiam eble post dek aŭ dudek jaroj? Kaj eĉ se iu mirakle estas absolute certa, ke tio ne povas okazi al ĝi, ankoraŭ povus okazi al ĝia amanto. Ĉi ĉio jam estas sufiĉa kaŭzo por iom pripensi pri monogamio, eĉ se oni estas (ĝis nun) tre kontenta pri ĝi.

6. Monogamio: historia interludo

Ĉar monogamio estas kutime implicita kaj ne eksplicite interkonsentita, estas surprize neklara, kio fakte estas monogamio kaj kiuj reguloj ĝin konstituas konkrete.

Fojfoje la termino «monogamio» estas uzata por priskribi la *staton* havi ekzakte unu romantikan rilaton. Paroj, kiuj subtenas neekskluzivajn rilatojn kaj alprenis neekskluzivan aranĝon por si mem, povus diri, ke ili estas «ĝis nun monogamiaj», esprimante, ke ili ankoraŭ ne havis paralelajn rilatojn kun aliaj. Mi pensas, ke tio estas neoportuna uzo de la esprimo. Monogamia partnereco ja ne estas tia, kiun *hazarde* ne akompanas dua, paralela partnereco, sed prefere estas partnereco, kiu ekskluzivas ĉian apudan rilaton, tiel longe ke ne estis disiĝo.

Sekve mi uzas la vorton «monogamio» ne por stato, sed por modelo de rilato. Monogamio signifas do, ke ekzakte du homoj havas ekskluzivan romantikan rilaton. Kion ekzakte oni komprenas per «ekskluziva», tio varias – estas malsamaj formoj de monogamio. Ĉiel ajn, estas decide, kiuj reguloj validas, sed ne, kion la homoj efektive faras. Se paro konsentinta al ekskluziveco ambaŭflanke malfidelas, tio ankoraŭ estas monogamia rilato (eĉ se misfunkcianta). Aliflanke paro, kiu interkonsentis neekskluzivan aranĝon, havas neekskluzivan rilaton, eĉ se ne estas duarangaj rilatoj.

Hodiaŭ monogamio estas asociata kun la postulo de amora kaj emocia fideleco, kaj «fideleco» en tio signifas ekskluzivecon. Atentu, ke uzante la esprimon «fideleco» tiel oni jam implicas moralan antaŭjuĝon profite al monogamio. Oni tial ne povas tro emfazi, ke neekskluziva rilato ne estas karakterizita per tio, ke ĝi «permesas» malfidelecon aŭ trompadon.

Neekskluzivaj rilatoj ja indas

Anstataŭe neekskluziva rilato estas tia, ke en ĝi malfideleco kaj trompado estas neeblaj, ĉar ĉi tiuj ideoj ne plu havas signifon. En neekskluziva rilato, amorado kun aliaj ne estas malfidelaĵo, same kiel konversacio kun alia persono ne estas tia en monogamia rilato. En tute malfermita rilato simple ne restas io, kion oni povus nomi malfidelo.

Nia nuntempa kompreno de monogamio estas relative nova. La amobazitan eŝecon, kiel ni konas ĝin, oni ekestablis kiel idealon kaj malrapide kiel normon nur antaŭ proksimume ducent jaroj. Temas pri tipa karakterizaĵo kaj precipa atingo de la burĝa socio. Antaŭ tio aranĝitaj eŝecoj estis normalaj. Mi jam menciis, ke eŝeco unuavice ne servis la feliĉon de la eŝa paro aŭ ilian «memplenumon» aŭ similajn modernajn bagatelojn. Fakte ĝi havis malmultan rilaton al amo.

Kompreneble iu grado de simpatio estis dezirinda, la eŝoj ja devis bone interrilati. La celata rilato inter la eŝoj ne estis pasia, sed amika kaj kolega, kontraŭe al hodiaŭa romantika kompreno. La fortajn sentojn de amo, kiuj estas glorataj ekde la romantika epoko, oni plejparte vidis kiel danĝerajn – ĉar ili estas tro maldaŭraj por konsistigi fidindan bazon por longtempa eŝeco. La materialaj bezonoj de la vivo en la antaŭindustria epoko produktis ĉi tiun komprenon de eŝeco. Sekve eŝeco ĝenerale estis privilegio de la posedantoj, kiuj laŭ ĝenerala fido estis sole kapablaj vivteni familion. En la mezepoko tio estis nur malplimulto: la nobelaro, la kamparanoj kaj en la urboj, inter aliaj, majstroj, memstaraj negocistoj kaj oficistoj. Eksterereŝece naskitaj personoj, senposeduloj, servantoj, submajstroj kaj membroj de aliaj sociaj grupoj (kiel soldatoj) ne rajtis eŝiĝi aŭ bezonis specialan permeson.

Ene de monogamio ankaŭ ne ĉiam estis postulo de amora ekskluziveco. La katolika eklezio bezonis centojn da jaroj por trudi ĉi tiun idealon ene de sia sfero de influo. Opinioj kaj praktikoj de amoro en la mezepoko kaj antaŭe estis ofte pli liberalaj ol en la moderna epoko. Ekzemple en multaj kulturoj ĉie en la mondo, ankaŭ en Eŭropo ĝis la mezepoko, al la devoj de gastamo apartenis ne nur manĝigo kaj tranoktigo, sed ankaŭ nokta prizorgado fare de la eŝino de la gastiganto (relative bone konata estas la ekzemplo de la eskimoj). En la Roma Regno civitaniĉoj ludonis siajn eŝinojn, kaj la franca nobelaro de la 18a jarcento havis multnombrajn frivolajn morojn, kion ni povas vidi je tio, ke la konkubinoj de la (komprenenble eŝiĝinta) monarko fojfoje sufiĉe oficiale estis inter la plej potencaj personoj de la lando.

Resume, nia imago de monogamio estas el kulturhistoria vidpunkto fakte tutnova ideo, kaj nur la tempopaso montros, ĉu ĝi estos daŭripova. Ĉar efektive, post kiam aranĝitajn eŝiĝojn anstataŭis amobazitaj eŝiĝoj, la aferoj ne plu trankviliĝas: La pozicio de la ulinoj fundamente ŝanĝiĝis; antaŭeŝeca sekso kaj sinmasturbo estis unue misfamigataj kaj malpermesitaj, poste denove permesitaj kaj akceptataj kiel tamen ne tiel malbonaj; ekseŝiĝo fariĝis ĉiam pli facila kaj senstigmata. Dume ankaŭ la «seksa revolucio» okazis kaj en ĉiam pli da progresemaj landoj samseksa eŝiĝo estas permesita.

Ne mirigu do, ke nia nuna kompreno de monogamio – tre liberala en komparo al la deknaŭa jarcento – estas karakterizita de sennombraj kontraŭdiroj, kiu estiĝas per la interago de ties subprema kaj amorfobia kerno kaj multaj pli Klerismaj modifaĵoj kaj reinterpretoj, kiuj okazis intertempe.

La radikala modelo de monogamio (kiu entute ne estas la origina) estas rave simpla: Devus por ĉiu adolto ekzisti ekzakte unu sekseca partnero (po ulino por ĉiu uliĉo kaj inverse), kun vivlonga seneŝeco kiel ununura alternativo. Eble kun ioma malsevero oni povas permesi novan eŝiĝon post morto de la eŝo, sed principe eĉ tio estas jam improvizo, kompromiso. Ĉi tiu baza ideo de monogamio estas iom stranga, sed almenaŭ konsekvenca. Kaj aldone iasence oni ne povas nei ĉe ĝi certan progreseman impulson, ĉar ĝi almenaŭ pretendas rompi kun la dueca moralo trovebla en patriarkismaj socioj, laŭ kiu regas sufiĉe granda indulgo rilate la amoran liberecon de uliĉoj, sed multe pli strikta reguligo de ulina amoro.

Tamen ankaŭ radikala monogamio ne ĉesigas seksismon – tute male. Inter la fundamentoj de monogamio troviĝas la doktrino de la poluseco de la seksoj. Al uliĉoj kaj ulinoj estas atribuataj malsamaj roloj kaj karakterizaĵoj, laŭ la ideo, ke la du seksoj devas komplementi unu la alian por formi «tutaĵon». Sed se po uliĉo kaj ulino konsistigas tutaĵon, tiam ĉia suplementado de la interrilata reto preter la malsamseksema paro devus aperi kiel minaca al tiu tutaĵo. Kaj kompreneble ene de tiu poluseco, la rilato inter uliĉo kaj ulino plu estas hierarkia, pro kio ankaŭ la radikalaj monogamiuloj ne sukcesis venki la duecan moralon amoran, kiu preferas uliĉojn.

Malgraŭ ĉiuj provoj krei pli simetriajn seksajn rilatojn monogamio plu estas aranĝo fakte helpanta subigi la ulinojn sub la amoran regon kaj peli al materiala dependeco de la uliĉoj. Se, trans la seksismaj rolo-atribuoj, amrilatoj ne plu estas komprenataj kiel rilatoj inter uliĉo kaj ulino, sed inter individuoj, ne plu restas kialoj por supozi, ke ĝuste unu para rilato donus specialan «tutaĵon», kiun oni konservu izolante ĝin de aliaj. Kaj kun la pretendo por ekskluziveco eksmodiĝas ankaŭ la reciproka regado, kio promesas plibonigi precipe la pozicion de la malpli privilegia partio – de la ulinoj.

Sed ni revenu al la evoluo de monogamio. Hodiaŭ la normo de vica (sinsekva) monogamio fakte triumfis super vivolonga eŝeco. Ne plu multe gravas, ĉu iu eŝiĝas aŭ ne, ĉiuokaze pariĝas homoj, kiuj antaŭe estis jam en diversaj amrilatoj. Tio ĉi estas iom paradoksa situacio, ĉar estas neklare, kial la postulo por ekskluziveco estu limigita nur al la tempodaŭro de la aktuala rilato. Ĉar preskaŭ ĉiujn argumentojn por ekskluziveco samtempa oni povas uzi kun sama konvinkivo por ekskluziveco vica. Ekzemple laŭdire la intimecon de rilato subfosas, se unu aŭ ambaŭ partneroj amoras aŭ enamiĝas kun iu alia. Sed se amoron kaj amon oni ĉiuokaze jam kunhavigis kun aliuloj antaŭe (eble eĉ kun multaj homoj), ĉu tiam vere gravas multe, en kiu tempo tio okazis? Kaj se oni ĉiuokaze ne povas esti la ununura, kiom utilas esti la «ĉi-momenta» ununurulo? Fakte ekzistas la fenomeno de retrospektiva ĵaluzo kontraŭ antaŭaj partneroj de onia amanto. Por multaj homoj, «eksuloj» de sia partnero konsistigas tiklan temon, eĉ se entute ne plu estas iu ajn kontakto.

Propagandantoj de antaŭeŝiĝa ĉasteco havas fortan argumenton ĉi tie: Se oni havis jam pli ol unu partneron aŭ rilaton, la unikeco estas nerehaveble forigita. Partnero, kiu ne estas la unua, same ne nepre estas la lasta. Laŭdire en monogamio temas pri tio «ne dividi» la partneron, sed kiom de ĉi tiu idealo restas do, se ni permesas sinsekvajn rilatojn? Ĉu tio ankoraŭ gravas, se la reguloj de vica monogamio ne plu certigas, ke nur mi povas ĝui la fruktojn de la arbo, sed nur, ke tiuj, kiuj gustumis la fruktojn antaŭ mi, ne plu estas en la ĝardeno, kiam mi delektas min?

Kvankam tutviva ekskluziveco estas jam forlasita – kaj «vica monogamio» signifas nenion alian ol tion –, oni povus trovi evidentan pravigon por konservi pormomentan ekskluzivecon en tio, ke oni disponas nur pri limigita kvanto da tempo kaj atento. Tio kompreneble estas tute valida argumento, sed ĝi ne taŭgas kiel pravigo por monogamio. Ĉar rilate al tempo kaj atento ni principe ne konkuras iel pli multe kun aliaj romantikaj aŭ amoraj partneroj ol neeviteble kun platonaj amikoj, samfamilianoj, ŝatokupoj kaj, plej multe, laboro kaj kariero. Se temus nur pri nia postulo por atento, ni apenaŭ havus multe pli bonan kialon zorgi, ĉu nia partnero pasigas sian tempon sen ni legante libron, laborante ekstrajn horojn, renkontante amikojn aŭ havante pasian amrilaton. Krome, kelkaj el la aktivaĵoj romantikaj ne nepre taŭgas nur por du, sed povas same bone esti kunhavigataj kun pliaj homoj, se ĉiuj harmonias bone. Mi diros pli pri tiu temo pli poste en ĉapitro 9. Provizore ni povas konstati, ke la argumento de nesufiĉaj rimedoj en si mem ja pravigas ion, sed certe ne iun formon de ekskluziveco.

Pli multe helpas ree kontrasti vican kaj radikalan monogamiojn. Por radikala monogamiulo la penso de pasinta rilato de la partnero estas same neeltenebla kiel por vicmonogamiulo la penso de aktuala malfidelo de la partnero. Multaj homoj hodiaŭ certe vidas tian sintenon kiel troposedemon je romantika partnero. Sed kompreneble el alia vidpunkto ankaŭ vica monogamio aperas tiel limiga kaj perforta kiel radikala monogamio aperas al moderna vicmonogamiulo.

Oni povus argumenti, ke la paŝo de vica monogamio al neekskluziva rilato ne estas pli granda aŭ pli malfacila ol la paŝo de radikala monogamio al vica. En vica monogamio estas akcepteble dividi amoron kaj amon kun aliaj, kondiĉe ke tiuj eventoj okazis sufiĉe longan tempon (almenaŭ kvaronhoron, ni diru) antaŭ la komenco de la nuna rilato. Do, se oni jam akceptas, ke onia partnero havis amoron kaj amon kun aliaj en la pasinteco, kial oni ne akceptu aliajn rilatojn ankaŭ en la estanteco kaj estonteco?

Ekskluziveco laŭdire garantias la sindevontigon de la partneroj en la rilato, sed se ni tion ekzamenas pli proksime, ĝi ne ŝajnas logika. Se la partneroj *jam devontigis sin*, kial *aldone* postuli ekskluzivecon? Se aliflanke mankas sindevontigo, ekskluziveco apenaŭ helpus. Kaj kiu egaligas sindevontigon kun ekskluziveco, tiu nepre venas al radikala monogamio. Ja kio povus pli subfosi ĉi tiun egaligon ol la videbla interŝanĝeblo de partneroj en vica monogamio? Se amon vere oni povus senti por nur unu persono, tiam povus esti nur unu amanto en onia tuta vivo. Aliflanke, se jam koncedi, ke oni povas ami pli ol unu personon, kial ankoraŭ insisti, ke tio okazu nur sinsekve, sen ajna tempa koincido? Kaj se iu estas kapabla apartigi amoron kaj amon kiel «senpartnera» persono, tiam kial tio ne eblu al ĝi ankaŭ en romantika rilato?

La problemo de«interŝanĝeblo» ŝajnas kerna ĉi tie. La postulon de ekskluziveco verŝajne motivigas interalie la timo mem esti interŝanĝebla. Sed paradokse tiaj postuloj grandigas la problemon anstataŭ solvi ĝin: Se necesas ĉesigi unu rilaton antaŭ ol komenci novan, tiam interŝanĝeblo efektive nepre estiĝas. Komparu la okazon de amikecoj: Ĉar ni ne opinias ilin reciproke ekskluzivaj, pluraj amikecoj povas ĉiam kunekzisti. Ni spertas kaj ŝatas, kiel ĉiu unuopa riĉigas nian vivon laŭ unika maniero, kaj ni facile konfesas, ke neniu vere povas anstataŭi iun alian aŭ esti anstataŭata de iu alia. Certe povas aperi ĵaluzo aŭ zorgoj pri interŝanĝeblo ankaŭ en amikecoj. Sed tiaj problemoj estas multe pli oftaj en amrilatoj, eĉ kvankam ili estas ne malpli unikaj ol amikecoj. Ŝajnas al mi, ke ĉi tiu diferenco aperas plejparte pro la emo postuli ekskluzivecon en amrilatoj, sed ne en amikecoj. Sed ĉar kaj dum romantikaj rilatoj estas ekskluzivaj, ili povas ŝajni al ni laŭ multe pli alta grado ne kiel specialaj kaj neanstataŭeblaj unikaĵoj, sed kiel interŝanĝeblaj kopioj de iu tipo. Pro la ekskluziveco homoj havas «aktualan» amanton, sed ne «aktualan» amikon.

La ĉi-supraj konsideroj ankoraŭ ne signifas konvinkajn argumentojn kontraŭ vica monogamio. Ilia precipa celo estas atentigi, ke nia nuna kompreno de monogamio entute ne estas memkomprenebla nek konsistigas la «finon de la historio». Eble estontaj historiistoj rigardos ree al nur tri aŭ kvar mallongaj jarcentoj, en kiuj la monogamia ama eŝeco estis la normo, kaj ili interpretos ĉi tiun tempon kiel fazon de transiro inter jarmiloj de aranĝitaj eŝecoj utilcelaj en tradiciaj socioj, kiuj altgrade reguligis amoron, kaj nova epoko de individuismaj, liberismaj modeloj de rilatoj, kiuj ne baziĝas sur postuloj de ekskluziveco. Aŭ eble ĉio iros tute alian vojon. Ni ne devas zorgi, ĉu ni estas la unuaj, kiuj praktikas la interrilatan modelon de la estonteco. Tamen la historia perspektivo povas esti utila, ĉar ĝi montras al ni, kiel ni povus venki la antaŭjuĝojn de nia tempo.

7. Strangaj malpermesoj (1): amorado

Certe oni povas pardoni mispaŝon jen kaj jen – ni ja estas liberalaj kaj kleraj. Ni komprenas, ke aferoj povas okazi en malforta momento, speco de akcidento, eble sub la influo de alkoholo. Sed se oni pardonas *regule*, se oni eĉ enkondukas iaspecan rajton je pardono, tiam ĝi ne plu estas vere pardonado, kaj tio, kion oni pardonas, ne plu estas punindaĵo, malfideleco. Malpermeso estas abolita.

Monogamio laŭ nia hodiaŭa kompreno kutime ampleksas la ekskluzivecon de amo kaj amoro. En la naŭa ĉapitro ni traktos la ekskluzivecon de amo. Sed kial do amo *kaj amoro*? Romantikuloj ŝatas aserti, ke amo estas ĉio, kio gravas. Sed ŝajne estas tial, ke gravas ankaŭ amoro.

Ironiaĵo estas, ke homojn, kiu subtenas neekskluzivajn rilatojn, fojfoje renkontas la kritiko, ke ili trograndigas la signifon de amoro; en rilato, oni diras, ne temas «nur pri amoro». Sed tiuj, kiuj estas por neekskluzivaj rilatoj, devas paroli pri amoro tiel multe nur tial, ĉar monogamiuloj devigas ilin kritiki tion, kion oni povus nomi la amora fetiĉo de la monogamiuloj. Tiu ĉi obsedo, tion oni devas diri klare, atingas tian nivelon, ke ili opinias amoradon kun aliuloj *kialo ĉesigi rilaton*. Eĉ jardekojn longaj partnerecoj kun respondeco por infanoj povas esti kaj estas detruataj sennecese, *ĉar iu amoris!* Ĉi tiuj homoj, ne iliaj kritikantoj, havigas tro grandan signifon al amoro.

Amoradi kun nur unu persono povas kompreneble esti tute bona por kelkaj jaroj. Sed ĉu ne estas fakto, ke amora ekskluziveco *dum jardekoj* estas neakceptebla por multaj, eĉ plej multaj homoj? En monogamia rilato estas nur tri elektoj: Aŭ oni havas sekretajn aferojn, t.e., oni malfidelas, kio estas riska kaj malmorala; aŭ oni serĉas de tempo al tempo novan amoran partneron, nepre ĉesiginte sennecese la antaŭan rilaton, kiel ni diris; aŭ oni do amoras kun unu kaj la sama persono *ĝis la fino de sia (aŭ ĝia) vivo.* Se preterlasi malfidelon, oni devas, se oni deziras amori kun pli ol unu persono en sia vivo, ĉesigi la rilaton kun sia unua amora partnero, pro ĉi tiu absurda (ĉu ne idiota?) regulo.

Eĉ paroj, kiuj harmonias perfekte amore, verŝajne apenaŭ neas, ke amora ekskluziveco dum longa tempo signifas fortan limigon. En la plej multaj sferoj de la vivo certa vario estas agrabla, dezirinda kaj riĉiga, kaj tio estas sufiĉe verŝajna ankaŭ rilate seksecon. Monogamio eĉ en optimuma okazo signifas do rezigni pri multaj spertoj kaj eblecoj por evoluado. Oni ja povas kredi ne deziri ĉi tiujn spertojn kaj evoluadon.[8] Sed multaj monogamiuloj fakte aprezas amoron, kaj almenaŭ tiuj devus demandi sin mem, ĉu amora ekskluziveco vere estas tiel senchava ideo.

La limigo fare de amora ekskluziveco ne estas kompensata de ajna vera utilo. La plibonigoj de intenseco kaj kvalito en longtempaj rilatoj ŝuldiĝas al la tempodaŭro kaj intimo de la koncerna rilato, kaj ne al la manko de amora kontakto kun aliaj homoj. Kiam monogamiuloj asertas la malon, estas malfacile vidi, surbaze de kiu sperto ili faras tion.

Amora ekskluziveco, se oni estas fakte fidela, malaltigas la riskon de veneraj malsanoj. Ke ankaŭ ĉi tiu argumento preferas radikalan monogamion kontraste al vica monogamio, estas ofte strange ignorate – krom, kompreneble, fare de la propagandantoj de antaŭeŝeca ĉasteco. Kvankam ilin mokas «kleraj» monogamiuloj, ili denove estas pli konsekvencaj

---

8 Aliflanke, ĉu ili tamen tiel malbonas, ke oni devas ilin malpermesi?

kaj intelekte honestaj ĉi-rilate. Ĉiel ajn, danke al sekura amorado la riskoj de respondeca nemonogamio restas akcepteblaj en komparo al aliaj ĉiutagaj danĝeroj, kiujn ni sentime akceptas, kiel partopreno en trafiko. Sed se okazas malfidelo en monogamia rilato (kio estas ŝajne ne tiel malofta okazo, kiel monogamiuloj ŝatus pensi), tiam monogamio efektive malhelpas la penojn minimumigi la riskojn, ĉar ĝi devigas la homojn silenti pri la kaŝafero.

Du homoj, kiuj profunde amas unu la alian kaj kongruas perfekte por havi partnerecon, kune mastrumi aŭ fondi familion, ne nepre harmonias ankaŭ amore. Kaj du homoj, kiuj harmonias escepte bone amore, povas entute ne taŭgi bone por vivi kune. Estas unu el la malavantaĝoj grandaj (kaj, kiom mi povas vidi, tute sensencaj) de monogamio, ke ĝi devigas la homojn en tiaj situacioj rezigni pri unu aŭ la alia afero.

Plej multaj homoj spertas pasian amoron kiel ion, kio kondiĉas eksciton kaj ioman distancon – kvalitoj, kiuj perdiĝas dum longtempa rilato aŭ, en la plej bona okazo, lasas sin daŭrigi per grandaj penoj kaj je limhava grado. Por tiuj homoj monogamio prezentas la malagrablan kaj samtempe sennecesan elekton rezigni aŭ pri amora plenumiĝo aŭ pri longtempa rilato. Ambaŭ oni povas nur kombini kokrante sian partneron.

La dimension de la problemo de malfortiĝanta pasio en monogamiaj rilatoj prilumas ekrigardo al la koncerna literaturo konsila. Eĉ se preterlasi la ĉiutage kreskantan nombron de artikoloj en revuoj kaj en la Interreto, ĉi tie estas malgranda kolekto de havebla literaturo eldonita en lastatempaj jaroj,[9] limigita al la plej unusencaj titoloj:

---

9 Tio spegulas la anglalingvan mondon ĉirkaŭ la jaro 2013. En la germana originalo troviĝas alia, germanlingva listo. Ĉar unuflanke ne

- Mating in Captivity [Pariĝi en mallibereco], Esther Perel, 2012
- The Suburban Sexbook: Kids, Marriage and Hot Sex [La antaŭurba amorlibro: infanoj, eŝeco kaj pasia amoro], K. A. Jones, 2012
- How to Keep Your Boyfriend Happy: The Secrets of Happy Couples [Kiel daŭre feliĉigi vian koramikiĉon: la sekretoj de feliĉaj paroj], Jenna Lee, 2012
- How to Get Your Wife in the Mood: Quick and Dirty Tips for Seducing Your Wife and Making Her Beg You For Sex [Kiel enhumorigi vian eŝinon: rapidaj kaj malĉastaj konsiletoj por delogi vian eŝinon kaj igi ŝin petegi vin pri amoro], Bruce Bryans, 2012
- Just Fuck Me: What Women Want Men to Know about Taking Control in the Bedroom—A Guide for Couples [Simple fiku min: Kion laŭ ulinoj sciu uliĉoj pri ekregado en la dormoĉambro – Gvidlibro por Paroj], ĝisdatigita eldono, Eve Kingsley, 2011
- Passionate Marriage [Pasia eŝeco], David Schnarch, 2009
- Holy Sex! A Catholic Guide to Toe-Curling, Mind-Blowing, Infallible Loving [Sankta amoro! Katolika gvidilo al senvortiga, stuporiga, fidinda amoro], Gregory Popcak, 2008
- Getting the Love You Want [Akiri la amon volatan], 20a-jubilea eldono, Harville Hendrix, 2007
- Red Hot Monogamy, Christian approach [Ruĝe arda monogamio, kristana aliro], Bill Farrel and Pam Farrel, 2006

---

ekzistas tia literaturo en Esperanto kaj ĉar aliflanke la listo ĉiuokaze estu ne plena, sed nur ilustra, ne havis sencon kompili ĉi tie ion novan. [rimarkigo de la tradukinto]

Strangaj malpermesoj (1): amorado

- The Sex-Starved Marriage [La eŝeco sopiranta amoron], Michelle Weiner-Davis, 2003
- Rekindling Desire [Reardigi deziron], Barry W. McCarthy kaj Emily McCarthy, 2003
- Hot Monogamy: Essential Steps to More Passionate, Intimate Lovemaking [Arda monogamio: bazaj paŝoj al pli pasia, intima amorado], Patricia Love and Jo Robinson, 1995

Apud tiaj publikaĵoj, kiuj evidente celas malhelpi la malboniĝon de partnereca amoro, ekzistas ankaŭ ĉiam pli granda oferto de libroj pri la demando, kiel sukcese malfideli (kaj «sukcese» celas antaŭ ĉio «sen malkaŝiĝo»).[10] Estas karakterize, ke tiuj libroj ja pli-malpli malferme rekomendas malfidelecon, sed apenaŭ venas al la – sufiĉe evidenta – konkludo pridubi la regulojn de monogamio. Tio aŭ estas vidata kiel memkomprenebla aŭ kiel praktike senalternativa, ĉar laŭdire ĉio alia ne funkcias. Samtempe oni normaligas malfidelon kiel trompadon ĉe la impostdeklarado, kaj tiel oni eniras monogamian rilaton, neniam serioze konsiderante vere obei ties regulojn. La ĉefa modelo de rilato tiel estas vica monogamio kun malfideleco kaj sen sincero.

Se konsideri, ke ĉie aperas la temoj kaj de malfideleco kaj de nekontentiga amorado en longtempaj rilatoj, oni apenaŭ povas disputi, ke amora ekskluziveco estas perceptata kiel ŝarĝo, eĉ inter monogamiuloj. Sed malgraŭ ĉiuj siaj malutiloj amora ekskluziveco mem ne estas pridubata. Kio estas tiel

---

10 En la originalo ĉi tie sekvas mallonga listo de germanaj libroj kun titoloj kiel «Tiel funkcias kaŝafero. Sukcese malfideli» aŭ «Kiu timas malfidelon? Instrukciaro por erotika aventuro». [rimarkigo de la tradukinto]

speciala en amoro, ke oni atribuas tioman gravecon al ties limigo en la monogamia modelo de rilato?

Kio efektive estas sekseca/amora[11]? Kio konsistigas la sferon de sekseco kaj kiel ĝi distingiĝis de la sfero nesekseca? Ĉi tiu demando ne estas tiel triviala, kiel ĝi povus ŝajni. Ke amoro ne nepre havas ion komunan kun genero, nuntempe estas ĝenerale akceptite: Ĝi ne ĉesas esti amoro, kiam temas pri buŝa, anusa, mana aŭ samseksemula amoradoj. Efektive multaj aktivaĵoj estas konsiderataj seksecaj, eĉ se ili ne rekte koncernas la seksajn organojn. Kie sekseco komenciĝas kaj finiĝas, estas neklare kaj disputate. Kaj kial plu nuntempe estas tiel grave por ni entute distingi amoron disde neamoro? Monogamio mem ŝajne estas la respondo al tiu enigmo. Seksecaj agoj estas tiuj, kiujn oni rigardas kiel malfidelon «en rilato». Sen amora ekskluziveco, kiun signifon havus la demando, ĉu ago estas «amora»? Oni minimume devus repripensi, kie meti la limojn – kaj ties graveco multe malpliiĝus. Nova, pli flekseblaj kaj pli nuancaj kategoriigoj estus tiam penseblaj.

Ĝustadire, du (aŭ pli da) homoj devus povi fari, kio ajn al ili plaĉas, kaj lasi ĉion, kio al ili ne plaĉas. Sed ne en la monogamia mondo. Ĉi tie oni eniras en iu neklare difinita punkto la «seksecan» sferon. Tio estas magia sojlo, kiun oni ne simple transpaŝu, ĉar oni havas la emon. Fari ĉi tiun paŝon havas la plej nekredeblajn sekvojn: Ĝi transformas simplan amikecon en malstabilan miksaĵon de amikeco, amor-afero kaj amrilato. Ĝi transformas momentan renkonton en

<hr>

11 En ĉi tiu traduko «sekseco» estas esprimo pri ĝenerala, dum «amoro» pli specife koncernas la aktivecon de la seksorganoj. En plej multaj okazo ĉi-libre la du terminoj celas la saman aferon. [rimarkigo de la tradukinto]

ununoktumon (ununoktan amoron). Ĝi konsistigas, se oni estas en rilato, la gravan regullezon de malfidelo. Se hazarde la respektiva persono estas de la sama sekso, tiu paŝo ankaŭ faras onin geja aŭ ambaŭseksema – kaj se iu ne ĉiuokaze estas geja aŭ ambaŭseksema, ĝi zorge cerbumu antaŭ ol akcepti ĉi tiun etikedon, ĉar en la monogamia mondo ĉi tiuj kategorioj havas fundamentan gravecon.

La sfero de la amoreco havas ceterajn interesajn karakterizaĵojn. Ekzemple, ĝi estas kvazaŭ funelo. Se oni faras nur unu paŝon enen, oni jam troviĝas sur dekliva glitejo kaj aliras neeviteble, krom se oni kontraŭagas, la fundon de la funelo – t.e. la koiton. Jam per eniro en la funelon oni jam implicas pretecon iri tute al la centro; tio estas des pli vera, ju pli oni proksimiĝas al la centro. Ĉio alia estas nur aldono: En multaj lingvoj oni fakte nomas ĉion amoran, kio ne estas reala koito, «antaŭludo»[12]. De tie devenas klaraj kriterioj por «sukceso» kaj «malsukceso» en la amora sfero. Kelkaj de la reguloj estas iom pli severaj por uliĉoj ol por ulinoj. Ambaŭ devas ekzemple atingi orgasmon, sed la ulino havas permeson ŝajnigi ĝin. Ĝenerale estas iom pli komforte por ulinoj, ĉar ili ne devas konservi erektiĝon kaj rajtas esti pli malaktivaj kaj pasivaj dum la koitado.

Aliflanke uliĉoj ricevas specialan rekompencon por siaj penoj (eĉ sufiĉe sendepende de la sukceso): Oni opinias ilin masklecaj kaj sukcesaj konkerintoj. Ulino, eĉ kvankam ŝi eble faris ĝuste la samajn aferojn, ne estas kutime vidata kiel konkerinto, sed kiel konkerito. Malgrandiĝas ŝia valoro kiel interrilata partnero kaj eĉ kiel persono, se ŝi estas «tro facile konkerebla». Amoron oni traktas ne kiel ion, kion du homoj

---

12 Imagu nur, kiel pli bone taŭgus ĉi tiu senvaloriga vorto kiel polemika esprimo por primoki la unuteman menson de monogamiuloj.

plenumas unu kun la alia (kiel la gramatiko kaj la faktoj su-
gestus), sed kiel ion, kion ulinoj havas kaj uliĉoj provas akiri
de ili. Dum al la neinicito povus ŝajni, ke ambaŭ faras la sa-
mon (t.e. koitas), ŝi «donas», dum li «ricevas» – kaj ne funk-
cias inverse. Pro tiu kaŭzo ulino faras sin mem «malmulte-
kosta», se ŝi ne certigas ricevi ion alian interŝanĝe por lasi
uliĉon amori kun ŝi. Se ĉi ĉio estus fikcio aŭ nur stereotipo,
ĝi povus esti amuza. Sed estas la groteska realo de nia laŭdi-
re civilizita socio, eĉ kvankam ni ĉiuj estas liberaj konduti
tute malsame.

Ĉi ĉio estas kompreneble ne rekte problemo de monoga-
mio, sed prefere de seksismo aŭ patriarkismo (aŭ kiel ajn oni
volus nomi ĝin). Konceptante ĝin kiel seksneŭtralan, sime-
trian modelon, oni povus opinii, ke monogamio ne rilatas al
seksismo, sed tio estus tro facila aserto. Finfine ni ja parolas
pri du aspektoj de la sama afero: nia sekseca kulturo. Mono-
gamio kaj seksismo estas interplektitaj kun nia sekseca kul-
turo kaj unu kun la alia. Ni estas ĉiuj parto de tiu kulturo, do
en niaj sentoj kaj konduto, same kiel de niaj amantoj kaj iliaj
kaj niaj aliaj amantoj, ĉi tiuj seksismaj antaŭjuĝoj ĉeestas, eĉ
se en variaj gradoj. Neeviteble, almenaŭ en malsamseksaj ri-
latoj, forigo de amora ekskluziveco el la rilato kondukas al
alfrontado kun la seksismaj konceptoj ĵus prezentitaj.

Ekzemple uliĉoj en sia ensociiĝo kutime lernas senti humi-
liĝon kaj danĝeron por sia maskleco, se alia uliĉo amoras
kun «ilia» ulino. Kaj kompreneble, kiam tio ĉi okazas en ne-
ekskluziva rilato, ĉiesulinnomado estas tenta, sed malbonega
eblo por konservi sian fieron koste de la partnerino. En tiaj
kaj aliaj manieroj seksismo povas konduki al konfliktoj en
neekskluziva rilato, kaj kiel tia ĝi devas esti alfrontata por
solvi la konfliktojn.

Strangaj malpermesoj (1): amorado

Monogamio proponas vojon eviti tiajn alfrontojn, sed samtempe servas ĝuste al stabiligo de seksismo kaj siavice estas subtenata de seksismo. Ni revenu al la ekzemplo: Emancipita monogamia uliĉo ideale ja scias, ke oni ne malvalorigu ulinojn pro ties aktiva amora konduto – sed li povas tamen fari escepton por sia partnerino, ĉar ili estas ja ekskluzivaj, kaj ĉi-okaze estas memkompreneble postuli ĉastecon (rilate aliajn uliĉojn). Pro tio, kontraŭ malaj antaŭjuĝoj, neekskluziveco praktike ne estas pli populara inter malsamseksemaj uliĉoj ol inter ulinoj. Ĉiel ajn, ĝenerale konscio pri seksismo estas kerna por certigi, ke rilato (r)estas ekvilibra kaj justa. Kiam tio ne okazas, neekskluzivaj rilatoj povas en specifaj okazoj eĉ pligrandigi patriarkismajn nesimetriojn.

Resume, monogamio malebligas vere malfermitan, senstreĉan kaj liberan trakton de sekseco kaj amoro. Pro la radikala postulo ne havi amorajn rilatojn kun iu ajn escepte de unu persono, amoro ŝanĝiĝas de plezuriga aktivaĵo, kiun oni libere povas plenumi aŭ ne, al tikla, konfliktiga kaj fojfoje danĝera entrepreno. Ĉu rilato estas kun aŭ sen amoro, grave ŝanĝas ties statuson, pro kio la trakto de amoraj bezonoj estas normigita kaj sankciita per ritoj kaj reguloj sur ĉiuj niveloj. En «normalaj» interhomaj rilatoj senamoreco estas la normo. Ene de romantikaj rilatoj regas la tuta malo: Sereniganta, plene kontentiganta amoro estas deviga, ĉar ĝi ne rajtas okazi en alia loko. Se tio ne estas atingita, la tuta rilato estas dubinda, ĉar apud abstinado la ununuraj alternativoj estas malfidelo aŭ disiĝo.

8. Duonmonogamio: amore neekskluzivaj rilatoj

Amora ekskluziveco kvazaŭ estas la pli absurda duono de
nia nuntempa ideo de monogamio, kaj ĝi estas ankaŭ la duo-
no, rilate kies forigon kaj defion ni estas pli progresintaj. Ĉar
la malavantaĝoj de amora ekskluziveco estas tiel evidentaj
kiel eviteblaj, multaj homoj jam profitis de la libereco modifi
la monogamian modelon de rilato laŭ siaj bezonoj.

En ĉi tiu kunteksto enkondukiĝis en pluraj socioj, ekzem-
ple en Eŭropo, la koncepto de «partnerŝanĝo». Danke al la
senlacaj penoj de klaĉgazetoj kaj televido verŝajne ĉiu scias,
ke ĉie ĉirkaŭ ni estas partnerŝanĝaj kluboj kaj privataj amo-
raj festoj, kiuj ebligu al paroj fari laŭkonsentajn, komunajn
kaj reciprokajn paŭzojn de la seksa ekskluziveco ene de kla-
re difinita kadro. Estas neeble precize klasi la eventojn aŭ la
partoprenantojn, malgraŭ la kliŝo de la kutime malmojosa
kaj nealloga paro de partnerŝanĝantoj aĝantaj minimume
kvardek jarojn. Sed estas vere, ke en partnerŝanĝado temas
ĉefe pri nedevontiga, senkomplika, publika aŭ duonpublika
amorado. Parto de la allogeco de partnerŝanĝaj eventoj ve-
nas el tio, ke jam per sia nura ĉeesto la partoprenantoj *kon-
fesas*, ke ili estas ĉi tie por amoro. Tio malbezonigas la pe-
nojn ŝajnigi la kontraŭon, kiuj estas kutimaj ĉe ordinaraj
amrendevuoj.

Kompreneble oni povas viziti partnerŝanĝan klubon ne
amoronte kun aliaj (aŭ ne amoronte entute). La konata devi-
zo de partnerŝanĝantoj ja estas «ĉio estas ebla, nenio estas
deviga». Ĉi tiuj eventoj ankaŭ kontentigas rigardismajn kaj
ekshibiciajn dezirojn. Sed eĉ sen ĉi tiuj inklinoj la pli-malpli
publika trakto de amorado apartenanta al partnerŝanĝado
verŝajne estas honorinda kiel ties plej revolucia aspekto. La

tradicia kaŝemo en tiu sfero, kiun oni absurde romantikigas kiel esprimon de «intimeco», atestas la embarasan rilaton de nia kulturo kun sekseco kaj grave kontribuas al ties daŭrigo.

En nia socio la plejparto de la homoj scias nur el pornografio, kiel aspektas amore aktivaj personoj, kaj eventuala manko de la (preskaŭ-)obsedo kaŝi sian seksecon de la publiko estas kondamnata kiel «ekshibiciismo». Kredu ĝin aŭ ne, estas nekutime iam ajn vidi aliajn homojn amori «realvive»! Estas neklare, kiel evoluigi senstreĉan rilaton al sekseco, dum tiu estas opiniata tiel malagrable, embarase naŭza, ke ĝi devas okazi nur en izoleco, malantaŭ fermitaj pordoj. La tendenco, ke, anstataŭ malakcepti la ideon, ke amoro estas io malpura, la homoj pli volas akcepti, ke vortoj kiel «malpura», «malbonkonduta» kaj «peka» alprenu signifon de enhave ekscitaj, dezirindaj kvalitoj, diras multon pri nia kulturo.

Partnerŝanĝon oni kutime faras kiel paro, do ĉiu partnero estas konscia pri la konduto de alia kaj ne devas imagi, kion tiu eble faras. Ili povas interveni en ĉiu momento kaj postuli la interrompon de aktivaĵoj, kiuj ilin sentigas nekomfortaj. Kaj tiel ili retenas plejpartan regon super la konduto de la partnero, kaj simetrio estas certigita. Partnerŝanĝado do estas malpli la senvalidigo de seksa ekskluziveco ol ties dumtempa paŭzigo. Ekster la klare difinita sfero de partnerŝanĝado, la tradician malpermeson de amoro kun aliaj oni kutime lasas netuŝita.

Alia eblo estas interkonsento de la tipo «ne demandu, ne diru». Ĉi tie kontaktoj al aliaj ja estas permesitaj, sed prisilentataj: Oni nek demandas nek raportas pri ili. Ĉi tiun solvon elektas homoj, kiuj ne estas sen ĵaluzo, sed al kiuj tamen sufiĉas diskrete trakti la aferon por eviti malagrablajn sentojn. Tio ĉi estas kompromiso, kiu estas interesa aŭ kiel duma paŝo sur la vojo al pli malfermita aranĝo, aŭ por homoj, kiuj sentas, ke vere neekskluziva rilato postulus tro de ili.

La malavantaĝoj estas evidentaj. La duarangajn rilatojn oni devas trakti laŭ maniero, kiu permesas al onia partnero sukcese ignori ilin; tio alportas multajn limigojn kaj aldonajn organizajn klopodojn. Ankaŭ problema estas la apenaŭ evitebla tento utiligi rektajn mensogojn por konservi la sekreton. Simple diri «mi estos for por la nokto» sen plia klarigo ja preskaŭ egalas al konfeso de la evidenta celo, do oni povus senti la devon elpensi iun rakonton. Tio ĉi tamen povas subfosi konfidon en rilato, same kiel la neceso kaŝi tute nemalgravajn partojn de sia privata kaj emocia vivo antaŭ sia partnero. La interkonsentita necerteco pri tio, kion la alia persono faras «flanke», povas esti malfacile eltenebla kaj fortigi timon de perdo. Kaj finfine ne estas garantio, ke la ĵaluzo ne tamen liberigos sin pli aŭ malpli frue.

Tamen «ne demandu, ne diru» *povas* funkcii mirinde bone, se ambaŭ partneroj bone adaptiĝas al ĉi tiu interkonsento. Kompreneble la konkreta funkciado de la modelo povas ankaŭ varii. Ekzemple oni povas limigi sekretecon al aktualaj amaferoj kaj paroli pri la aventuroj en pli posta tempo, kiam ili jam ĉesis aŭ kiam ĉio almenaŭ iom malakutiĝis. Tiel oni povas eviti aŭ malseverigi rektajn alfrontiĝojn kun aliaj rilatoj, ne devante tamen resti tute senscia.

Kelkaj homoj opinias, ke «ne demandu, ne diru» estas la zenito de malmolkora cinikeco, fineglektante amon kaj fondite sur reciprokaj egoismo kaj malrespekto. El la vidpunkto de la monogamia kompreno de amo sendube estas eble vidi ĝin tiamaniere. Sed oni povus diri ankaŭ la samon pri monogamio mem. Ĉar vere, kio estas pli egoisma ol malpermesi plezurajn amaferojn, kiujn onia partnero povus havi, nur pro onia propra malracia emocio de ĵaluzo kaj posedemo? El ĉi tiu vidpunkto «ne demandu, ne diru» prezentas pli respekteman, humanan eblon trakti la problemon de ĵaluzo – ne solvante ĝin, tamen.

La plej simpla alternativo al amora ekskluziveco estas kompreneble simple nuligi ĝin tute. Sed se tio postulas tro multe, estas pluraj manieroj por establi limojn, kiuj tamen permesas konsiderinde pli da spaco ol monogamio. Oni povus interkonsenti pri limigoj koncerne la lokon kaj la tempon aŭ la sekson de la eksteraj amoraj kontaktoj. Oni povus klarigi, kiun informon interŝanĝi kaj kiam, kaj kion oni devus sciigi aŭ ne. Tamen ne forgesu, ke reguloj kaj reguligoj, kiuj iras trans ĝeneralajn principojn de sincereco kaj fidindeco, pligrandigas la kompleksecon de la aranĝo kaj estigas okazojn por kontraŭregula aŭ kontraŭkonfida konduto. Ĉiuokaze tiajn regulojn oni devus kiel eble plej minimumigi jam pro ilia limiga karaktero. Nur tiel oni evitas artefaritajn konfliktojn kaj ebligas senliman, sekuran sincerecon.

Oni povas gajni ioman kvanton de sereneco el la konscio, ke onia partnero amoras kun oni ne nur, ĉar ĝi ne rajtas amori aliloke. Monogamio aliflanke devigas la partneron rezigni pri amorado kun aliaj kaj plenumi siajn «eŝecajn devojn», ignorante, ĉu tio ĉi taŭgas por ĝiaj inklinoj aŭ ne. Alie ol rilate agojn, pri sentoj oni ne povas interkonsenti. La granda promeso de monogamio lasas sin redukti al la certigo, ke onia partnero estos fidela al kontrakto pli ol al siaj sentoj. Kiel konfidiga estas tio?

9. Strangaj malpermesoj (2): monopoligo de amo

Amore neekskluzivaj rilatoj estas grava elekteblo, kiun oni ne neglektu, kaj necesa paŝo por postlasi monogamion kiel devigan kulturan normon. Sed amora ekskluziveco estas nur parto de tio, kio konsistigas modernan monogamion – aldone estas senta ekskluziveco. Kion tio signifas? Aŭ laŭ alia formulo: Kial estas tiel grave fiksi limon inter «la» ama rilato kaj ĉiuj aliaj rilatoj, provizante ĝin per speciala, unika statuso?

Multaj praktikantoj de monogamio opinias, ke fojan malfidelon ili povas pardoni, se – kiel ili diradas – «ĝi estis sensignifa». Laŭ ĉi tiu pensmaniero amora malfideleco estas malbona, sed senta malfideleco estas multe pli malbona. Kaj paroj, kiuj malfermis sian rilaton amore, ofte insistas doni specialan privilegion al la komuna rilato super «duarangaj» rilatoj. Por tio servas la pretendo de senta ekskluziveco: Enamiĝo kun aliaj estas tabua! En ambaŭ okazoj oni opinias amon la vera bazo de rilato, kaj ŝajne validas, ke oni ne povas ami plurajn homojn samtempe.

Mi jam atentigis pri la paradokseco de ĉi tiu regulo: Se estas neeble ami pli ol unu personon samtempe, tiam estas neniu bezono malpermesi ĝin. Sed se ĝi eblas, kial oni *devus* malpermesi ĝin? Se rilato perdis sian sentan fundamenton, tio estas valida kialo por ĉesigi ĝin. Sed se tiu senta fundamento staras firme, la fakto, ke aperis pli-malpli simila senta rilato al alia persono, ne prezentas evidentan kialon por detrui la antaŭan rilaton. Oni kompreneble povas simple insisti, ke onia partnero devus ami nur onin kaj neniun alian – sed kial fari tion? De kie venas tiu deziro limigi privatan vivon de onia partnero? Kaj de kie venas la preteco detrui sian plej valoran rilaton nur por pruvi ĉi tiun deziron?

En ĉi tiu kunteksto oni ofte konfuzas ne nur «povo» kaj «devo», sed ankaŭ «deziro» kaj «devo». Monogamiuloj asertadas, ke ili simple ne sentas deziron por aliaj rilatoj. Tio povas tre bone esti, sed estas senrilata al la afero: La fakto, ke mi ne deziras fari ion, ne devigas min malpermesi ĝin al mi mem aŭ al mia partnero. Se ambaŭ «ne deziras» ĉiuokaze, por kio do servas la malpermeso? Eĉ en neekskluziva rilato neniu havas la *devon* havi plurajn rilatojn.

Ŝajnas evidente interpreti la strebon al ekskluziveco kiel esprimon de bezono de sekureco. Sed ekskluziveco fakte ne provizas sekurecon, eĉ kontraŭe: Restriktaj reguloj kreas multajn novajn kaj nenecesajn konfliktojn kaj eblajn kaŭzojn por ekspartneriĝo. Nuntempe oni komencas kaj ĉesigas amrilatojn libervole. Estas jam sufiĉe malfacile daŭrigi ilin dum longa tempo, do ŝajnas prudente ne pliigi senbezone la nombron de kaŭzoj ĉesigi ilin.

Postuli ekskluzivecon esence signifas, ke oni preferas ĉesigi rilaton ol esti ne la ununura partnero. Estas perpleksige, kiel «nature» ŝajnas al multaj homoj havi tiun nelogikan preferon. Se mi sentas fortan allogon al iu, se la rilato kun tiu persono riĉigas mian vivon kaj se la bonfarto de tiu persono estas grava por mi, tio devus rezultigi tute malsamajn dezirojn!

Kiel rilate amoron, ankaŭ rilate sentan ekskluzivecon ekzistas sennombraj eblaj aranĝoj sur gamo inter la monogamia «normo» kaj komplete malfermita rilato. Tiaj mezaj formoj estas ofte karakterizitaj per distingo inter «precipa» kaj «kroma(j)» rilatoj. La demando staras, kion signifu ĉi tiuj kategorioj. Tio povus simple esti maniero esprimi la malsaman gravecon, kiun la malsamaj rilatoj havas por ni en difi-nita tempo. Ĉar ĉiam iuj rilatoj estos pli gravaj ol aliaj por ni, ni povus fari tiun distingon eĉ kadre de tute neekskluziva modelo de rilato. Sed kutime oni celas ion pli specifan, nome diferencon rilate statuson.

Restas iu reduktita formo de ekskluziveco, en kiu oni per-mesas nur unu unuarangan rilaton, sed akceptas kromrila-tojn, kiuj eksplicite estu kaj restu «duarangaj». Sed kio estas efektive la diferenco inter tiuj specoj de rilatoj? Evidente, la unuaranga rilato devus esti la plej proksima, plej intima, ĉe-fa, kiu havas prioritaton en okazo de konflikto. Unu ebla penso rilate al tio estas, ke enamiĝinteco kaj rilatoj, kiuj ba-ziĝas sur ĝi, povas veni kaj foriri. Kontraste la unuaranga ri-lato tiupense estu konstruita sur pli profunda kaj daŭranta amo. Tiam la plej bona vojo por gardi la unuarangan rilaton kontraŭ eblaj minacoj de enamiĝinteco povas esti, ke oni la-sas la aferojn procedi laŭ siaj pli-malpli pasiaj vojoj, dume flegante la unuarangan rilaton kiel sekuran rifuĝejon.

Tiaj aranĝoj ekestiĝas iel nature kiel pontoj inter monoga-mio kaj neekskluzivaj rilatoj. Kaj tiel ili estas grava elekto por homoj, kiuj malakceptas monogamion, sed sentas, ke senlime neekskluziva rilato postulus tro multe de ili. Apud tiu sento (tute komprenebla kaj legitima) mi tamen pensas, ke ne estas bonaj kialoj resti ĉe ĉi tiu etapo kaj ŝpari al la «mola» ekskluziveco, do al la modelo de «unuaranga» rilato, la kritikon, kiun oni direktas al la «malmola» ekskluziveco de monogamio.

Estas grave distingi inter du koncepte malsamaj aferoj: Ĉu unuflanke mi aprezas la rilaton propre, perceptas ĝin kiel ri-ĉigon de mia vivo kaj ĉu mi amas la personon, kun kiu mi havas ĉi tiun rilaton; kaj ĉu aliflanke ĉi tiu rilato estas la

Strangaj malpermesoj (2): monopoligo de amo

«plej grava» al mi, ĉu mi amas la personon «plej multe» – tio estas tute alia demando. La neceso doni vicordon al rilatoj kaj sentoj laŭ tiu maniero – kiel natura ĝi povus ŝajni en nia konkurema socio – venas nur de monogamio kaj ties devigo decidi inter eblaj interrilataj partneroj kaj malakcepti ĉiujn krom unu. Grava kaj bona argumento kontraŭ ĉiaj ekskluzivaj rilatoj estas, ke ili neeviteble plifortigas konkuradon kaj luktojn pri rango. Ili tiel kultivas anstataŭ kunlaboro kontraŭagadon kaj detruajn kaj kontraŭsociajn elementojn en nia privata vivo.

Tiuj rangordoj perdas plejparton de sia signifo en modelo de neekskluzivaj rilatoj, ĉar ne plu estas artefarita devo elekti inter rilatoj. Rilatojn inter homoj devus difini la konsideroj al tiuj homoj; ili devus temi pri tio, kio ligas ilin, kion ili signifas unu por la alia. Ili devus ne temi pri kiel multe iu rilato «sukcesas» kompare al aliaj kaj ĉu ĝi estas unua aŭ dua en iu rangolisto. Se tiaj demandoj estas perceptataj kiel gravaj, tiam ŝajnas, ke la rilato temas ne plu pri la personoj en ĝi, sed pri ties statuso.

Kelkajn specojn de decidoj oni devas fari en ĉiu rilato, ĉar ili devenas de praktikaj necesoj, kiuj aperas en ĉiu modelo. Ekzemple ni ĉiuj disponas nur limigitan tempon, do ni devas fari elektojn kiel pasigi ĝin. Tamen la decido pasigi pli da tempo kun unu persono ol kun alia aŭ loĝi kun unu persono prefere al alia, ne signifas, ke la alia persono estas «malpli grava» aŭ ke mi «malpli amas» ĉi tiun personon. Se iu nepre volas ĝin esprimi tiel, tiam per tiaj decidoj mi establas iun rangordon inter la rilatoj laŭ la specifaj praktikaj konsideroj. Sed tiun konkretan, praktikan decidon oni ne interpretu kiel takson de la «totala valoro» de rilato aŭ la ĝeneralan «forton» de mia amo. Kaj entute ne estas senchave aldoni al tiuj specifaj decidoj devojn pri artefaritaj decidoj, kiu aldonas nenion pli ol nenecesajn restriktojn.

Ni rigardu la aferon de alia vidpunkto: Imagu du homojn en amrilato, kiu havas senkonkurencan prioritaton en la vivoj de ambaŭ partneroj. Kiun sencon havas la provo fiksi ĉi tiun staton enkondukante regulon, kiu postulas ĉesigi la tutan rilaton, se unu el ili evoluigas tro fortajn sentojn por alia persono? Tiaj sentoj aŭ lasas aŭ ne lasas sin regi. En la lasta okazo ĉi tiu regulo faros nenion ol nenecese detrui la rilaton, kiam aperas nemalhelpeblaj sentoj. Se aliflanke sentoj povas esti (iagrade) regataj, por kio utilas la malpermeso? Rilate sentan ekskluzivecon la malpermeso devus esti ĝuste senbezona. Ĉar se *nur la forto de malpermeso* malhelpas en difinita momento, ke iu enamiĝas al alia persono, tiam ĝi jam lezis la «sentan fidelecon». Ĉar tiu fideleco devus konsisti en tio, ke oni ne ekhavas sentojn al aliaj pro propra volo, ne pro emocia ĉantaĝo kiel «mi forlasos vin, se vi faros tion». La ununura vera testo por senta «fideleco» estas, ĝuste *ne* malpermesi ion ajn kaj vidi, ĉu nenio okazas.

La aliro de «ĉiom aŭ neniom» ankaŭ en ĉi tiu okazo estas profunde dubinda. Komprenerble estas okazoj, kiam estas nerealigeble daŭrigi rilaton iam intensan kun malgrandigita intenso, kaj tiam kompleta disiĝo estas la plej bona aŭ sola solvo. Sed kiel oni povas pensi, ke estas bona ideo *preskribi* ĉi tiun needifan solvon en la formo de regulo, kvazaŭ temus pri alstrebinda idealo?

Iuj povus objeti, ke sentan ekskluzivecon ili ne komprenas tiel limiga regularo. Sed se «senta ekskluziveco» konsistas nur en la taŭtologia regulo, ke rilato, se ĝi ĉesas esti la sente plej grava, perdas la titolon «unuaranga rilato» kaj simple estas nomata ekde tiam duaranga – tiam «ekskluziveco» evidente estas malplena vorto, nura konvencio. Enhave restis ne pli ol la kutimo doni la etikedon «unuaranga» al rilato. Sed se «ekskluziveco» estas reduktita al ŝatokupeca kultivado de hierarkio kaj konkuremo en aferoj de amo, tiam oni havas vere bonan kialon rezigni pri ĝi entute.

Kiel simpation por kaj amon al kaj intereson pri la alia persono kaj la rilato kun ĝi povas akompani deziro limigi kaj malriĉigi la privatan vivon de tiu amata partnero? Povas ŝajni surprize, sed senta ekskluziveco fakte havas nenion komunan kun amo – krom se kompreneble «amo» estas komprenata kiel posedemo, kiu fundamente kontraŭas respekton por la libereco de la partnero kaj partnerecon. Ekskluziveco ĉefe servas por doni formalan statuson al la rilato, kiu produktas sekurecon kaj regon nur en la iluzio, kaj en la realo apenaŭ utilajn diferencojn de povo kaj limigoj de la libereco de ĉiuj koncernatoj. Se «vera» amo implicas la deziron por senta ekskluziveco, tiam ĝi nepre implicas prioritaton de la rilata statuso. Tiuokaze malvera amo aperas kiel pli honesta speco. Ĉar amo devus temi pri la amato kaj implici respekton al ĝi, ne limigon. Laŭ tiu rezono la plej alta kaj pura formo de amo ne asertas sentan aŭ ian alian ekskluzivecojn, sed estas nekongruigebla kun ili.

10. Kelkaj rimarkigoj pri pluramemo

La termino «polyamory», pluramemo, estis elpensita en GLAT-feminismaj cirkloj en Usono en la 1990aj jaroj kaj fariĝis tre populara en la sekvaj jaroj. La vorto estas derivita de la helena vorto πολύς *(polýs)* ‹multaj› kaj la latina vorto *amor* ‹amo›; do pluramemo[13] temas pri amo al pli ol unu persono. Ne ekzistas unueca kaj ĝenerale akceptita difino de pluramemo (komparu ĝian Vikipedian artikolon), sed kutime ĝi indikas iajn modelojn de nemonogamiaj rilatoj, kiuj ne akceptas sentan ekskluzivecon. Plia baza principo estas, ke ĉiuj rekte aŭ nerekte koncernataj personoj devas esti informitaj pri la ekzistantaj rilatoj kaj konsenti ilin. Rigora pluramemano do ne farus ion kun persono sen la konsento de ties partnero.

Multaj pluramemuloj insistas distingiĝi de partnerŝanĝantoj kaj pli ĝenerale de tio, kion ili nomadas, fojfoje iomete malapreze, «malfermitaj rilatoj». En kontrasto al pluramemo ili kutime komprenas ĉi tiun terminon – iom paradokse – kiel nomon de rilatoj nur amore neekskluzivaj, sed sente ekskluzivaj. Kelkaj pluramemuloj emas malŝate rigardi al la profanaj «partnerŝanĝantoj» pro tio, ke ĉe tiuj temas «nur pri amorado». Tia elitismo propre kontraŭdiras la ĝeneralan pluramemisman doktrinon, laŭ kiu pluramemo troviĝu sur egala morala bazo kiel monogamio kaj aliaj interkonsentaj modeloj de rilato.

---

13 Pli laŭvorta estus «multamemo». En Esperanto la nocio de pluramemo estas sence ofte pli vasta ol tiu de «polyamory», kiun traktas ĉi tiu ĉapitro. Ĝi ofte kovras la tutan signifokampon de tio, kion la aŭtoro celas per «neekskluzivaj rilatoj». [rimarkigo de la tradukinto]

Kelkaj rimarkigoj pri pluramemo

Multaj pluramemuloj pensas pri pluramemo, same kiel pri monogamio, ne tiom kiel pri sistemo de reguloj, sed prefere kiel pri speco de propra dispozicio, simila al seksa orientiĝo. Simile kiel oni, laŭ ĝenerala opinio, ne elektas sian seksan orientiĝon, sed nur «estas» ali-, sam- aŭ ambaŭseksema, tiuj pluramemuloj ne parolas pri *elekto* de tiu aŭ ĉi tiu interrilata modelo, sed pri tio, ke ili *estas* pluramemaj aŭ monogamiaj. Kaj kiel la movado de geja fiero tiuj pluramemuloj batalas por toleremo kaj akcepto de ilia vivovojo kiel samvalora alternativo. En ĉi-lasta afero ili meritas absolutan subtenon. Sed tamen ŝajnas al mi ege mise vidi interrilatajn modelojn kiel aferon de dispozicio. Paroli pri «dispozicio» rilate al seksa orientiĝo estas jam tikle, ĉar tio kaŝas la kulture konstruitajn aspektojn de seksa identeco. Sed modeloj de rilatoj je multe pli alta grado estas kulture kaj historie evoluintaj institucioj. Oni ne estas naskita monogamiulo aŭ pluramemulo, same kiel ne kristano aŭ liberalulo. Krom tio, ke ĝi estas fakte neverŝajna, la ideo, ke niaj modeloj de rilato devenas de niaj denaskaj dispozicioj, estas problema, ĉar ĝi subtaksas aŭ neas la eblon elekti vivovojon por si kaj la neceson kritike okupiĝi pri siaj sentoj.

Neeviteble pluramemo ne estas libera de la tendenco evoluigi ĉiujn bedaŭrindajn konformismajn ecojn de «sceno» aŭ «movado». La utopio de multaj ĝiaj adeptoj ŝajne estas establi pluramemon kiel duan interrilatan kulturon apud monogamio, kun propraj reguloj kaj ritoj, propra aro de konsila literaturo kaj kun kadro de psikologoj kaj terapiistoj specialiĝintaj je «pluramemulaj problemoj». Por kelkaj esti pluramema ne estas nur elekto de vivstilo, sed elemento de ilia propra identeco. Kiam ili estas necertaj, kion fari, ili demandas: «Kiel *ni pluramemuloj* faras tion?» Kaj ili disputas kun aliaj pluramemanoj pri tio, ĉu iu konduto estas «vere plur-amemisma» aŭ ne.

Nepra alternativo al tio estus emfazi individuecon kaj la neceson rigardi ĉiun intiman rilaton kiel unikaĵon, ne kiel aplikon de unueca regularo. Precipe tial mi preferas la espri-mon «neekskluziva (aŭ malfermita) rilato» al «pluramemo»: Neekskluziveco aŭ malfermiteco emfazas la eblon de indivi-duaj diferencoj kaj la eblon – kaj neceson – elekti la formon kaj la regulojn por ĉiu rilato. Pluramemo aliflanke alstrebas establi alternativan – sed ankaŭ normigitan – interrilatan modelon. Kelkaj homoj pro la samaj kialoj preferas la etike-don «rilatanarkio» – kaj laŭ mia kompreno ili tiel celas la saman aferon kiel mi. Por mia propra prefero la termino «neekskluziva/malfermita rilato» daŭre ŝajnas preferinda, ĉar ĝi esprimas konkretan praktikon anstataŭ instruo aŭ doktrino.

Ekzistas, kiel dirite, diversaj formoj de pluramemo, kaj kel-kaj estas pli proksimaj al mia ideo de neekskluzivaj rilatoj ol aliaj. Se oni prenas la principon de informiĝo kaj konsentado de ĉiuj tre serioze, pluramemo proksimiĝas al poligamio. «Poligamio» signifas «multaj eŝiĝoj» kaj indikas interrilatan modelon, kiu permesas plurajn eŝiĝojn aŭ seriozajn amrila-tojn de komparebla statuso.[14] En ĉi tiu okazo de pluramemo «amo-grupoj» formiĝas, kiuj estas ne malpli dislimitaj de la ekstero ol estas monogamiaj rilatoj. Ene de ĉi tiuj grupoj, ĉiu estas partnero de ĉiu alia, almenaŭ principe, sed am(or)aj

---

14 Kontraŭe al populara kredo, «poligamio» ne indikas nur modelon, kiu permesas al uliĉoj havi plurajn ulinojn, dum ĉiu ulino povas ha-vi nur unu uliĉon. Tio estas poliginio, «multaj ulinoj», kiu kontras-tas al poliandrio, «multaj uliĉoj». Kaj poliginio kaj poliandrio estas formoj de poligamio.

Kelkaj rimarkigoj pri pluramemo

kontaktoj kun eksteruloj ne estas permesitaj. Anstataŭe la tuta grupo devas konsenti akcepti la «kandidaton» en la grupo. Ĉi tiu formo de pluramemo diferencas de monogamio nur per la pli granda nombro de partneroj, kiuj formas la rilaton. Do efektive tio estus denove ekskluziva modelo de rilato. Tamen tio ne ŝajnas esti la direkto, kiun la plejparto de la pluramemuloj sekvas, kaj mi menciis ĝin plejparte nur por ilustri, kiel fleksebla estas la koncepto de pluramemo.

Mi emfazis la aspektojn kaj tendencojn de pluramemo, kiujn mi opinias kritikindaj. Kiel dirite, tre malsamaj homoj nomas sin pluramemaj. Por kelkaj de ili neniu de la ĉi-tieaj kritikoj validas, kaj estas pluramemuloj, kun kiuj mi finfine samopinias pri ĉio escepte de mia prefero por la termino «neekskluziva rilato». Malgraŭ la menciitaj rezervoj oni devus bonvenigi kiel grandan atingon, ke la populareco de pluramemo multe kontribuas al revivigo de la diskurso pri la eblo havi rilatojn aliajn ol monogamiajn.

11. Ĉiuj parolas pri amo

Se konsideri la ĝisnunan argumentaron, la ideo de «romantika amo» mem ŝajnas esti problema. Ĝi ŝajne ne utilas por pli ol ankrejo por aro da normoj kaj reguloj difinantaj, kiel rilato aspektu. Kion signifas la vortoj «mi amas vin»? Kompreneble ili signifas *ion*, eble eĉ tre multe. Sed se oni trovas, ke amo estas aŭ devus esti individua afero, ke ĉiu amo estas unika kaj ĉiu rilato funkcias malsame, ĉar ĝi kunigas du unikajn homojn en unika situacio, se oni komprenas, ke la distingo inter «vera» kaj «malvera» amoj servas antaŭ ĉio por establi dubindajn sociajn normojn – tiam la konkludo devas esti, ke oni povas ne simple paroli pri «amo», kvazaŭ la vorto havus memevidentan signifon. Estas sensence cerbumi pri la demando, ĉu io estas «amo» aŭ ne. Anstataŭe oni devus cerbumi pri tio, kio estas specifa en iu rilato, kiujn konkretajn sentojn oni havas en ĝi kaj kio povus evolui de ĝi.

Por multaj homoj estas malfacile diri «mi amas vin», sed por eĉ pli multaj estas malfacile klarigi, kion ili efektive celas per ĝi kaj kion ili deziras en rilato. Ja neniu devas dekomence scii, kion ĝi deziras en rilato; kontraŭe, ĉiu rilato estas unika eksperimento, kiu postulas iun malfermitecon kaj flekseblecon koncerne la rezultojn. Se oni lasas la aferojn evolui ne direktante ilin al antaŭdifinita celo, ĉi tiu evoluado ofte prenos neatenditajn direktojn, estigante ŝancon lerni surprizajn kaj neimagitajn aferojn.

Tamen restas decidoj, kiujn oni devas fari. Ne artefaritaj decidoj kiel la vola-nevola elekto inter du amrilatoj (kiuj povas same bone kunekzisti), sed decidoj pri praktikaj necesoj: Elekti, kun kiu kiel pasigi tempon, kun kiu forveturi dum forpermeso, kun kiu ekloĝi aŭ kun kiu havi idojn. Ni devus koncentriĝi pri tiaj konkretaj decidoj, ĉar ili koncernas, kio en praktiko estas farebla aŭ ne. Kompreneble la tago havas nur dudek kvar horojn kaj nur tiom oni povas mastrumi. Oni ne povas dormi en du litoj samtempe. Sed tri aŭ pli da homoj povas dormi en la sama lito, se ĝi estas sufiĉe granda. Kaj en ĉi tiu okazo la aserto, ke «vi ne povas fari tion» asertas ne praktikan neceson, sed nur kulturan konvencion (aldone stultan). Do tio estas la decidoj farendaj.

La logiko de «ĉiom aŭ neniom», kiu regas la monogamian pensadon, je pli proksima ekzamenado ĉiam denove aperas kiel dubinda. Estas bonaj kialoj suspekti, ke ĝi rilatas pli al aspektoj de potenco ol al partnereca amo. Se oni profunde ŝatas iun, oni devus aprezi la tempon kun tiu persono kaj la amikecon kaj atenton ricevatan de ĝi, anstataŭ starigi strangajn kaj arbitrajn postulojn kiel ke la alia persono devas ami onin «plej multe» aŭ entute ne rajtas ami iun alian. Ni «kundividas» la amaton kun ĝia laborposteno, ĝiaj amikoj, ĝia familio, ĝiaj ŝatokupoj kaj ĉiuj aliaj aktivaĵoj, eĉ se tio kelkfoje postulas grincigi la dentojn. Kial estu absolute neeble «kundividi» la partneron ankaŭ kun aliaj amantoj? Kompreneble tio ne ĉiam funkcias sen problemoj, sed la samaj problemoj okaze de amikecoj aŭ karieroj ne igis nin establi dubindajn regulojn de ekskluziveco kaj ekseŝiĝi tuj, kiam tiuj reguloj estas lezataj.

Se konstati ĝenerale, ke personoj estas individuoj kaj sekve personaj rilatoj aŭ almenaŭ la pli gravaj rilatoj de onia privata vivo estas individuaj aferoj, tiam ni devus trakti ilin kiel tiajn. Sed se ĉiu rilato estas individua anstataŭ interŝanĝebla konkretiĝo de certa tipo, tiam ne povas ekzisti klaraj kategoriaj distingoj inter malsamaj specoj de rilatoj. Sen ekskluziveco ne plu estas la granda premo atribui al rilato antaŭdifinitan statuson, ekzemple «esti paro».

Sed ne nur nia koncepto de romantika rilato senkonturiĝos, sed ankaŭ paralele nia koncepto de amikeco. Efektive monogamio estas la nura kaŭzo, kial amikecoj ĝenerale devas esti «platonaj», do senamoraj. Principe ne plu malsamas amrilato sen ekskluziveco disde amikeco ne ekskluzivanta amoron. Ambaŭ estas simple individuaj rilatoj. Ambaŭ oni evoluigu tiel, kiel plej bone taŭgas kaj utilas por la partoprenantoj. Miaopinie ni lernu ne plu demandi, kiaspeca estas iu rilato. Neniel utilas por serioza rilato sekvi ŝablonojn aŭ meti ĝin en stereotipan skatolon, kaj se oni nepre volas fari tion, almenaŭ oni penu produkti propran, individuan ŝablonon, prefere ol kopii jaman.

Sur la fono de tia neekskluziva koncepto de rilatoj multaj tradiciaj kategorioj formintaj nian ideon de rilatoj arkaikiĝas. Unuflanke pro la manko de ekskluziveco ne plu estas «malfidelo». Aliflanke, se ne plu estas statuso de «esti kune» aŭ «pareco», tiam ankaŭ ne plu estas ia evento, per kiu oni atingas tian statuson. «Estiĝi paro» aŭ «ĉesigi la rilaton» estas tipaj artefaktoj de la monogamia interrilata kulturo. En ĉi tiu aspekto neekskluzivaj rilatoj pli similas al amikecoj. Rilatoj evoluas kaj ŝanĝiĝas kaj kelkfoje ili ĉesas, sed tio ne neprigas antaŭe difinitan ŝablonon. Nek estas nepre katastrofo, se rilato antaŭe intensa perdas gravecon. Eĉ malpli devas esti granda dramo, se oni ne plu amoras en rilato – aŭ, inverse, komencas amori en antaŭe «platona» rilato. Apartenas al la grandaj misteroj de monogamio, kial estas ĉiam tioma agitiĝo pri amoro.

Bedaŭrinde niaj lingvoj mem estas formitaj de monogamio kaj tiel portas ĝiajn antaŭjuĝojn. Sur la lingva nivelo ni malhavas la rimedojn nomi la rilatojn en nemonogamia mondo per akcepteble simplaj terminoj. Kutime oni devas elekti vorton, kiu implicas aŭ ke oni estas parto de «paro» aŭ ke oni ne estas, kaj tial «nur amikoj». Sed se oni forĵetis tradiciajn interrilatajn ŝablonojn, tiam ofte ambaŭ implicoj estas same malĝustaj. En kelkaj situacioj oni povus uzi la esprimon de koramiko, en aliaj la ideo de amato aŭ partnero, sed vera solvo al ĉi tiu problemo antaŭsupozas antaŭ ĉio ŝanĝon en la socia konscio, kiu unue ĝenerale rekonu la diversecon de eblaj modeloj de rilato. Ankaŭ tio estas ekzemplo por kiom profunde enradikiĝinta kaj «memevidenta» estas monogamia pensado en nia socio. Ni ne lasu nin malinstigi per tio kaj anstataŭe provu fari imagebla tion, kio ŝajnas nun neimagebla.

Apendico: Retrospektivo post dek du jaroj

Pasis dek du jaroj de la verkado de la libreto «Neekskluzivaj rilatoj ja indas», ĝi aperis unue en 2010. De tiam la nombro de libroj, kiuj temas pri formoj de nemonogamiaj rilatoj, ege kreskis. Estas ĝojige, ke okazis plia liberaliĝo de la vivomodeloj en multaj partoj de la mondo: Ĉiam pli da ŝtatoj permesas eŝiĝon de samseksemuloj, la publika diskurso traktas GLAT-ulojn, kaj tiuj trovas, malgraŭ la pluekzisto de antaŭjuĝoj, ĉiam pli da akceptado. Samtempe la movado *Me Too* («ankaŭ mi») konsiderinde antaŭenigis la konscion pri seksisma transpaŝo de limoj kaj patriarkeca perforto. Anstataŭ devontiga ŝablono de «normala» vivo en rilato kaj familio almenaŭ tendence aperas malfermiteco por diversaj vivformoj, inter kiuj troviĝas ankaŭ modeloj de rilato. Nun la tiel nomata romantika pareco (aŭ strebo al tio) ne plu estas nepre la centro de onia privata vivo. Kaj amrilatoj amore neekskluzivaj komencis perdi la etikedon de ekzoteco. Oni nun ne plu povas aserti, ke la juna generacio, kiu kreskis kun sociaj retoj kaj retpaĝoj aŭ programetoj por partnerserĉado, opinias monogamion memkomprenebla.

Sed tio ne signifas, ke jam malaperis la antaŭjuĝoj kontraŭ «alternativaj», do nemonogamiaj modeloj de rilato. Kaj ni ĉi tie eĉ ne rigardu tiun (pli grandan) parton de la mondo, kie oni kontraŭbatalas ĉian veran aŭ ŝajnan pligrandiĝon de individua libereco kiel danĝeran senmoraliĝon. Ankaŭ en la tiel nomataj Okcidentaj ŝtatoj estas diferenco inter grandurboj kaj la kamparo, kiu ĉiam postrestas kelkajn jardekojn en la socia evoluo. Ankaŭ konservativuloj kaj reakciuloj sopiras je la superrigardeblaj, bonordaj kondiĉoj, kiuj laŭ ili validis iam (eĉ se ili ne scias, kiam).

Retrospektivo post dek du jaroj

Tamen la «alarmismo» de la konservativuloj povas kredigi la progresemulojn, ke la tiurilataj atingoj estas pli grandaj, ol ili estas fakte. Nura konfeso subteni liberalismon, eĉ se sincera, ne taŭgas por indiki la efektivan personan emancipiĝon. Estas facile riproĉi cisulan, aliseksem-normisman, patriarkecan, kapitalisman monogamion, sed estas malpli facile venki la tradiciajn ŝablonojn en la propraj rilatoj.

Pro tio ne estas mirige, ke ne ĉiuj provoj postlasi la monogamian modelon de rilatoj liveras konvinkajn rezultojn. Tial eblas kritiko de la kritiko. En situacioj, kie pluramemo estas modaĵo, aŭ kritiko kontraŭ monogamio servas por elmontri ies progresemon, oni povas ja demandi, kiel statas la brava nova mondo de amrilatado. Ideologikritikuloj ofte prezentas pluramemon kiel kromprodukton de novliberalismo. Oni ne ignoru tiajn kritikojn, tamen ne idealigante monogamion. Kaj oni daŭre atentu la realon: Monogamio plu dominas, kaj tial persiste plu troveblas la tendenco vidi deviojn de tiu normo kiel dubindajn, pravigendajn eksperimentojn.

Kelkaj homoj do havas la impreson, ke provoj kun formoj de neekskluzivaj rilatoj finfine devas plej ofte fiaski. Sed tia argumentado surbaze de anekdotoj ne eniras la kernon de la temo – nome la demandon, kiel oni konduku siajn rilatojn. Ĉar sendepende de la konkreta propra pozicio estas ĉiam facile montri per elektitaj ekzemploj nereprezentaj, ke la alia partio estas misa kaj aĉa. Tio tamen ne igas malvera la konstaton, ke multaj homoj eksperimentantaj pri neekskluzivaj rilatoj procedas tiel pro dubindaj kialoj kaj sen taŭga pripensado. Monogamio ne estas simple kontraŭamora trudkitelo, kiun oni devas simple demeti por malfermi la vojon al paradizo de libera am(or)o. Neniu modelo de interrilato daŭre forigas la fakton, ke intime interrilati simple ne estas facile.

Neeksluzivaj rilatoj ja indas

Monogamiaj normoj formis nian kulturon de rilatoj, nian lingvon, nian konduton kaj ja ankaŭ niajn sentojn. Emancipiĝi de ĉi tiu antaŭformado estas longdaŭre kaj penige, ĉar ĝi necesigas kritike esplori kaj konsiderinde reformi nian traktadon de partnereco, sekseco, de la propraj sentoj kaj unu de la alia. Iasence ni devas ĉi ĉion relerni certagrade. Por instigi nin al tio ne sufiĉas la promeso de pli libera amorado. Ĉar kiu strebas nur al maksimumigo de sia amorplezuro, finfine kondutas konservative: Ne alportas plezuron meditado kaj laboro pri si mem; estas pli komforte atribui la kulpon pri problemoj al aliaj homoj aŭ al la cirkonstancoj. Ĝenerale ĉiu decido por ajna modelo de rilato estu ankaŭ decido por memkritiko, ĉar aliokaze oni, sendepende de la konkreta interrilata modelo, aperas kiel senrespekta, egoisma partnero, kies amo derivas siajn limojn ne el la digno kaj libero de la alia persono, sed el la propra narcisismo. Por esti emancipa entrepreno, la kritiko de monogamio devas sin nutri el fundamenta nekontento pri la tradiciaj ŝablonoj, kiu estas tiel forta, ke ĝi instigas al venko de tiuj ŝablonoj en la propra konduto.

La monogamia ŝarĝo tordanta la percepton montriĝas belekzemple ankaŭ en la plu populara miskompreno, ke en neeksluzivaj rilatoj laŭdire amoro estas aparte grava. Sed se rigardi la realajn problemojn de la plej multaj rilatoj, tiam sekseco en ili ludas rolon malpli grandan, ol supozigas dramoj pri ĵaluzo aŭ romantikaj komedioj. Eĉ se iu estas malfidela aŭ enamiĝas kun alia persono, plej ofte antaŭ tiuj momentoj jam ekzistis aliaj problemoj – tiaj, kiaj estas plejparte sendependaj de la interrilata modelo: konfliktoj en la ĉiutaga vivo, nekongruigeblaj karakteroj aŭ stiloj de komunikado aŭ simpla malfortiĝo de la enamiĝo ĉe nesufiĉa kvanto de komunaĵoj, kiuj povus teni la partnerojn kune. Ĉu necesas kompliki la aferojn per komenco de amrilato kun plia persono? Kaj ĉu ne preskaŭ ĉiuj enamiĝintoj volas esti nur kun tiu unu amato? Do por kio utilu neekskluzivaj rilatoj, se ne por kontentigi fortan inklinon «fikadi» neserioze? Eble oni nur post kelkaj jaroj, akirinte reciprokan intimecon kaj kontentiginte la ardan amon komencan, ekmeditu pri malfermo de la rilato.

Ĉi tia pensmaniero traktas neekskluzivajn rilatojn (en la plej bona okazo) kiel specon de servo, kiun oni uzas por ripari rilaton, en kiu aperas problemoj pro monogamio. Sed esence monogamio restas senkonteste la normo en ĝi. Anstataŭ tio oni prefere ekzamenu la monogamion rilate tion, kiel sukcese ĝi respondas la demandon, kiel konduki rilatojn. Monogamiaj amrilatoj havas unu ĉefan trajton: amoran ekskluzivecon. Do fakte la demando, kiu amoras kun kiu, estas aparte grava en monogamio. Male neekskluziva rilato baze estas rilato, kiu ne faras preskribojn tiurilate – ĝi ne vidas kialon bazi amrilaton sur specifaj reguloj pri amoraj rilatoj kun aliaj homoj. Kompreneble neekskluziva rilato neniel devigas al duarangaj rilatoj. Sume, devas pravigi sin la monogamiuloj: Ne necesas defendi la sintenon «lasi» amaton fari kun aliuloj, kion ĝi volas; sed oni devas ja defendi la bezonon fundamente restrikti tiun rajton. Oni do ne komprenu la neekskluzivajn formojn de rilato kiel konsekvencon de forta deziro je malĉasto, sed komprenu monogamion kiel esprimon de forta bezono je amora ekskluziveco.

Kiu inklinas al ĵaluzo kaj ne povas aŭ volas venki ĝin, tiu eble en monogamio trovas la plej facilan, praktikan formon de rilato. Tamen oni rajtu demandi – ne nur, kial iu estas tiel ĵaluza, sed ankaŭ, kial tiun ĵaluzon plej forte kaŭzas sekseco.

Neekskluzivaj rilatoj ja indas

Ĉe tiu okazo ni memoru, ke la monogamiema kulturo kun-formas ankaŭ niajn sentojn. Nur eksperimento povus mon-tri, kiom de tiu ĵaluzo specife koncernanta seksecon plu res-tus en nemonogamia kadro. Ĉar kio estas ofenda en mono-gamio, lezante la monogamian promeson de fidelo, tio ne nepre same sentigas en rilato, kiu ne konas malfidelecon pro la manko de ekskluziveco.

Estas evidenta konflikto inter unuflanke la monogamia pretendo de la partneroj je «reciproka posedo de la sekse-coj» (Kantio) kaj aliflanke Klerisma, liberala kaj senpruda, fakte malpruda rilato al sekseco. En monogamio daŭre seks-avido restas ebla tento, sekseco restas kerne peka. Oni ne povas elturniĝi asertante, ke malfidelo estas malbona ne pro la amorado, sed pro la perfidado, la kontraŭkonfida ago, ĉar ni ja debatas ĝuste pri tio, ĉu oni rajtas deklari amoron kun aliuloj perfido, kontraŭkonfidaĵo, aŭ ne. Se amoro mem estus sendanĝera, kial oni malpermesu ĝin? Plie oni pravigas eks-kluzivecon per la timo de perdo, sed neniu argumenta pres-tidigitado povas ŝajnigi, ke timo de perdo sufiĉus por ĝene-rala malpermeso de amoraj kontaktoj: Amoraj kontaktoj kun aliuloj estas eblaj, dum ili ne endanĝerigas la daŭron de rilato – kaj tio okazas nur, kiam oni pro monogamio dekla-ras ilin danĝeraj.

Oni povas respondi la demandon, kial ĝuste sekseco estas tiel eksterordinare grava en monogamio, ne alimaniere ol per historia konstato: La socia funkcio de monogamio estas limigo kaj kontrolo de sekseco. Kiam oni demandas tiujn, kiuj ne postulas ekskluzivecon – postulon nepenseblan ja en ĉiu alia sfero –, kial por ili amoro estas tiel grava, tiam oni subpremas la implicitan kontraŭamorecon kaj projekcias la propran problemon rilaton al sekseco sur aliulojn.

Sekseco estas kutima parto de la interhomaj rilatoj. Tiu ĉi konstato kvazaŭ Pavlova sonorilo provokas la monogami-ulojn repliki, ke oni ja ne volas amore rilati kun ĉiuj, fakte nur kun tre malmultaj homoj. Certe – kaj do? Nur en la mal-nova mito de kontraŭvoluptemo estas tiel, ke sekseco nepre fariĝas senĉesa, nekontrolebla dezirego, post kiam oni levis la barierojn de moraleco. Fakte oni devas starigi tute alian demandon: Se mia amato havas la okazon eniri laŭvole alian amoran (aŭ alispecan) rilaton, kial mi kontraŭu, ke ĝi sekvu sian deziron? Ĉi tiu demando estas des pli urĝa, ju malpli of-taj estas tiaj okazoj. Ĉu mia fiero ne fontu el tio, ke mi donas sentajn sekurecon kaj subtenon, ideale eĉ simpation kaj mal-ĵaluzon al mia amato por faciligi al tiu eniri kaj ĝui tiajn aventurojn? Ĉu amo ne alportu riĉigon anstataŭ rezigno, bonvolemon anstataŭ envio?

Oni devas alkutimiĝi al tio, ke necesas rigardi kelkajn afe-rojn el nemonogamia vidpunkto. Tiuj estas ne nur amrilatoj, sed ankaŭ ĝenerale la trakto de sekseco – kaj tiel de aliaj ho-moj. En monogamia kulturo la demando, ĉu iu rilato estas kun aŭ sen amoro, estas fundamenta por la atribuo de statu-so al tiu rilato.[15] Precipe amikaj rilatoj devas esti platonaj, ĉar aliokaze ili ne estus kongruigeblaj kun amaj rilatoj. Ja ekzistas la koncepto de «seksumamikoj» – jam ĉi tiu stran-geta esprimo suspektigas, ke io ne estas ĝusta ĉi tie –, sed kion oni faru kun tia amikeco, se oni eniras novan monoga-mian rilaton? Oni devus ĝin minimume malaltigi al la ŝtupo de platoneco, sed eĉ se tio ne kondukus al konfliktoj en la amikeco – ĉu ĝi sufiĉus? «X kaj mi estas intimaj amikoj, sed

---

15 Tio, parenteze, estigas objeton kontraŭ la esprimo «pluramemo», ĉar tiu mise supozigas, ke temas nur pri tio, kiajn amrilatojn ni ha-vas.

ne zorgu, de kiam vi kaj mi estas kune, ni ĉesis amori!» Tre
verŝajne tia eldiro ne kondukus al senkonflikta rilato inter la
nova partnero kaj la amiko X (nun senprofita). Ĉu tiam oni
do prefere kaŝu, ke tiu amikeco estas ankaŭ amora? Malsin-
cero ne ŝajnas esti bona akompano por nova rilato, sed ja
populara estas la opinio, ke monogamio fojfoje necesigas
mensogeti – kion oni kompreneble povus uzi kiel argumen-
ton kontraŭ monogamio. Sed la problemo restas, okaze ke
iam la vero eltroviĝas.

Kiel ajn oni rigardas ĝin: Se oni volas, ke amikecoj ne ek-
konfliktu kun monogamiaj amrilatoj, ili devas esti platonaj.
Tiel la postuloj de monogamio estigas la tendencon, ke amo-
rado «funkcias» nur en du specoj de cirkonstancoj: aŭ kadre
de romantika rilato de duopo aŭ tute (aŭ almenaŭ preskaŭ)
sen sindevontigo, en rilatoj, kie ekster la amoro nenio gravas
konsiderinde. Do kie amoro ne servas al «vera» amo, tie ĝi
ŝajne estas io, por kio oni uzas aliulon aŭ estas uzata de ĝi;
kie amoro ne estas sanktigita per amo, tie ĝi humiligas.

La ĵusaj konstatoj estas ofte forgesataj en diskutoj pri for-
moj de neekskluzivaj rilatoj, kiam aperas la preskaŭ neevite-
bla demando, kiel alloga kaj dezirinda do estas «amoro sen
amo». Kvazaŭ estus ia natura leĝo, ke sekseco ekster daŭraj
amrilatoj povas ekzisti nur forme de sendevontigaj, sente
distancaj, tendence mallongaj rilat(et)oj. Kiu opinias precipe
alloge amori kun (preskaŭa) fremdulo, tiu kompreneble ple-
numu sian inklinon. Sed ke ni, parolante pri amoro ekster
amrilatoj, pli-malpli aŭtomate parolas nur pri tia amoro, es-
tas *rezulto* de la monogamia kulturo sekseca, ne *fakto* por
pravigi tiun. Kiam ni do parolas pri formoj de neekskluzivaj
rilatoj, temas ne nur pri alia trakto de amrilatoj, sed pri al-
menaŭ eble alia trakto de sekseco entute. Inter (aŭ trans) la

romantika para rilato, platona amikeco kaj sendevontiga amorado troviĝas tuta kampo da eblaj formoj de rilatoj, por kiuj nia socio havas nek esprimojn nek establitajn kutimojn. Monogamio difinas ĝuste ne nur la formon de amrilato, sed, negative (ĉar ĝi konservas ekskluzivecon), ankaŭ la formon de ĉiaj aliaj rilatoj.

La perspektivo, ke nun ankaŭ amikecojn ŝarĝu la komplikoj kaj malfaciloj, kiaj aperas en amoraj kuntekstoj, eble al multaj homoj ŝajnas kiel argumento por monogamio. Oni devas aperte koncedi, ke en patriarkecaj socioj la normoj difinantaj specifajn rilatojn kiel dekomence senamorajn povas helpi iom gardi precipe ulinojn kontraŭ ĝenaj proponoj amoraj («Sed kial vi ne volas?»). Oni ne subtaksu tiun utilon, sed ĝi tamen restas sinaranĝo kun la mizero, kiun signifas patriarkeco, dum nia celo ja estu venki ĝin. Denove estus tro supraĵa analizo aserti, ke temas pri modifo de la monogamiecaj formoj de rilatoj per «seksecigo» ankaŭ de amikecoj. La imago, ke ekzistas ia primara sensekseca ĉasteco en interhomaj rilatoj, mem devenas el la patriarkeca kontraŭsekseca sinteno. Ni ĉiuj estas seksecaj estaĵoj (ankaŭ neniuseksemuloj, ĉar ankaŭ tio estas formo de sekseco), kaj ne estas kaŭzo honti pro tio. Kaj ĉiuj interhomaj rilatoj tiusence, ĉar ili estas rilatoj inter seksecaj estaĵoj, havas ankaŭ seksecan aspekton – eĉ se tiu konsistas en la implicita interkonsento, ke en difinita rilato amoro ne ludu rolon.

Estas memkomprenebla, ke sekseca kulturo favora al amoro devas baziĝi sur la principo de konsento. Kion oni nomas fojfoje kulturo de perforto, baziĝas sur emfazo de statuso, kiu servas por rajtigi iun molesti: Oni atribuas al sia rilato al aliaj personoj statuson, el kiu oni derivas pretendon je amoraj agoj. Rilate seksecon la principo de statuso neniam kontraŭu la principon de konsento, sed anstataŭu ĝin nur tie, kie malekvilibro de potenco malvalidigas konsenton, ekzemple rilate infanon, kiu neniam povas laŭleĝe (kaj laŭetike) konsenti al amrilato kun plenkreskulo. Tiam la apero aŭ malapero de amorado en iu rilato ne plu devus nepre ŝanĝi la statuson de tiu rilato. Por venki la priamoran tabuon oni devas ankaŭ akcepti, ke sekseco ne ĉiam venigas ankaŭ aĉan dramon kaj danĝeron de tragikaj konfliktoj – ĝi povas esti ankaŭ sendanĝera kaj neĉefa.

Ĉi ĉio nur daŭrigas evoluojn, kiuj ĉiuokaze jam estas okazantaj kaj kiuj – krom en la aspektoj, kiuj tuŝas monogamion – estas pli-malpli akceptitaj kiel progreso en la diskurso de prudentaj homoj: Pasintece oni pli severe distingis inter rilatoj, en kiuj eblas amoro, kaj tiaj, en kiuj ĝi ne eblas. Memoru, ke dum longa tempo apenaŭ eblis malsamseksaj amikecoj (kion oni pravigis per la gardo de ulinoj kontraŭ molesto fare de uliĉoj), aŭ ke ĝis antaŭ kelkaj jardekoj (multloke ĝis hodiaŭ) multaj aliseksemuloj evitis renkontiĝi kun samseksemuloj, iritate aŭ eĉ naŭzate, ĉar ties samseksemo (eĉ tute sendepende de tio, ĉu aperus iu individua allogo) subfosis la fikcion de kompleta sensekseco de samseksa amikeco.

La venko kontraŭ la priamora tabuo estas longdaŭra procezo, kiu komenciĝis antaŭ pluraj generacioj kaj daŭros certe plurajn pliajn. Ni povas esperi kaj strebi al tio, ke ni atingos seksecan kulturon, en kiu oni traktos seksecon laŭ plenkreskula maniero, kiel naturan parton de la vivo, kiel aspekton de la interhomaj rilatoj, por kiu oni havos la memkompreneblan rajton de libera, interkonsenta aranĝado. Tiam la ideo, ke aliulojn, fakte amatojn, oni per la minaco forpreni

Retrospektivo post dek du jaroj

sian amon devigus rezigni pri tiu libero, impresos kiel stran-
gaĵo.